Além das Crenças

Um convite para o despertar

Ma Prem Giti Bond

Além das Crenças

Um convite para o despertar

MADRAS

© 2020, Madras Editora Ltda.

Editor:
Wagner Veneziani Costa (*in memoriam*)

Produção e Capa:
Equipe Técnica Madras

Revisão:
Jerônimo Feitosa
Ana Paula Luccisano

Colaboração:
Bruno Andante
Caio Zagnoli
Deva Nandi
Portal Healing Brasil

Dados Internacionais de Catalogação na Publicação
(CIP) (Câmara Brasileira do Livro, SP, Brasil)

Bond, Ma Prem Giti
Além das crenças: um convite para o despertar/Ma Prem Giti Bond. – São Paulo: Madras, 2020.

ISBN 978-65-5620-005-7

1. Consciência 2. Corpo e mente 3. Espiritualidade 4. Meditação 5. Relações humanas 6. Silêncio I. Título.

20-35660   CDD-133

Índices para catálogo sistemático:
1. Despertar: Consciência: Espiritualidade 133
Cibele Maria Dias – Bibliotecária – CRB-8/9427

É proibida a reprodução total ou parcial desta obra, de qualquer forma ou por qualquer meio eletrônico, mecânico, inclusive por meio de processos xerográficos, incluindo ainda o uso da internet, sem a permissão expressa da Madras Editora, na pessoa de seu editor (Lei nº 9.610, de 19/2/1998).

Todos os direitos desta edição reservados pela

MADRAS EDITORA LTDA.
Rua Paulo Gonçalves, 88 – Santana
CEP: 02403-020 – São Paulo/SP
Caixa Postal 12183 – CEP: 02013-970
Tel.: (11) 2281-5555 – (11) 98128-7754
www.madras.com.br

Não se limite em acreditar em nada do que eu digo
Investigue por si mesmo
Pois a verdade está além das palavras
Não se pode falar do amor
Só é possível vivê-lo

Ma Prem Giti Bond

Índice

Apresentação 9

Prefácio 13

Introdução 15

A Mente 19

Além da Dor 29

Além dos Jogos de Poder 41

Propósito e Abundância 57

Relacionamentos: Amor ou Ilusão? 73

Além do Bem e do Mal 97

A Natureza das Virtudes 115

Encontro com a Verdade 129

Além da Dualidade 135

Uma Viagem para Além do Tempo 145

Meditação e o Poder do Silêncio 155

O Despertar 159

O Mestre 169

Uma História 173

Apresentação

Não acredite em nada do que eu digo: é a frase que introduz a viagem que você está a ponto de iniciar. Palavras interessantes para se começar um livro. Podem soar um tanto estranhas, até. Mas são perfeitamente coerentes, aqui.

Isto que está na sua frente não é um livro, no sentido comum. Seu propósito não é acrescentar mais ideias, informações, teorias, muito menos colocar lenha na fogueira dos debates intermináveis sobre a assim chamada espiritualidade. O propósito não é ensinar o que não sabemos, mas tão somente lembrar o que, no fundo, todos sabemos.

Não é um livro comum, portanto. Como na velha história zen, é um dedo apontando a lua. A maioria das pessoas se concentra no dedo, acreditando ou não acreditando, discutindo, teorizando a existência ou inexistência da lua, imaginando sua cor, sua luz. Fazem de tudo, menos olhar para onde se aponta.

Quando se trata dos ensinamentos – ou apontamentos – partilhados aqui, não importa muito só acreditar ou não acreditar. Você pode simplesmente olhar e ver. A lua está lá, realmente?

A consciência está aqui, realmente? Ora, até para compreender essa pergunta é necessária a consciência. A realidade é evidente, está sempre presente: é tudo que conhecemos, no fim das contas e dos contos. No entanto, é o melhor exemplo do óbvio que passa despercebido.

Distraídos, traídos pela mente que mente, ignoramos o que é mais íntimo e imediato. O efeito desse esquecimento de nós mesmos é o que chamamos de sofrimento. No nível pessoal e social, o conflito e o sofrimento derivam em primeiro lugar desse estado de sonambulismo: do fato de que perambulamos por aí dormindo, enquanto nos acreditamos plenamente acordados.

Mas o sofrimento pode ser justamente o que nos desperta. É um alarme soando, um lembrete impossível de ignorar, um convite a abrir os olhos – e ver que o labirinto em que nos sentimos aprisionados é tão real quanto um sonho. Como será bem apontado nas próximas páginas, libertar-se é despertar do sonho de estar aprisionado: o Ser já é livre, e despertar é apenas perceber o que você já É e não pode nunca deixar de ser.

A consciência está aqui e agora. Em você. É você. À diferença da lua, sequer é preciso olhar para cima. Não é preciso – nem possível procurar em outro lugar. A consciência está aqui e agora, sempre. Mas o que é ela, em essência?

Consciência *é* a essência. Resumindo em poucas palavras, isso é o que está sendo apontado aqui, desde o primeiro momento, desde o título. As implicações disso são insonháveis, são maravilhosamente inimagináveis.

Essa é a mensagem, a grande boa notícia, uma mensagem da Vida para a Vida. Uma mensagem universal e ancestral, que ressoa com tantas e tão profundas tradições de sabedoria na história humana, e que aqui se expressa com as cores e os contornos singulares de uma mensageira amorosa e sincera em seu propósito.

Mas não basta ler nem basta entender intelectualmente. O convite é viver isso. É respirar isso, a cada sopro de vida. Sentir isso, a cada passo do caminho. É ser isso, conscientemente, momento a momento. Sem sombra de dúvidas. Sem margem para a simples fé, para fantasias, para meras ideias ou teorias.

O convite é entender com o coração – nome poético que Giti usa para falar do nosso ser mais íntimo, de onde emanam a voz e a visão da intuição. O coração é o mestre em cada um de nós, o sol que brilha em tudo e todos em meio à nossa noite imaginária, o Ser sempre desperto em meio ao sonho criado pela mente.

Se você está lendo isto, provavelmente é porque já sente o chamado, o fogo da inspiração, o convite do coração para ir além, para desvelar o mistério que se esconde em meio ao óbvio, para despertar para a verdade e beleza do Ser que você É. Convido-o, então, a se lançar por completo à aventura.

Isso começa ao ler com a mais plena e pura atenção, para ver além das palavras, além da mensagem escrita, além da mensageira. Mas continua no dia a dia, sobretudo: na vida, nas relações, no trabalho, na dor e no prazer, seja onde for.

O que está diante de você, agora, é um caminho a ser trilhado, e de nada adianta só ler o mapa. É um estudo a ser aprofundado na prática, na sua experiência viva, a cada momento.

Desfrute a viagem. Mas de onde para onde, afinal? De você para você. Do aqui para o aqui. Da realidade para a realidade. No fim das contas – e dos contos –, o maior mistério é que não há mistério nenhum, o grande paradoxo dessa viagem é que não há viagem: você já está aqui.

Mas isso também precisa – e pode – ser compreendido intimamente. Deixo aqui meu mais sincero desejo de que essa compreensão continue a florescer lindamente em você e em todos nós.

Bruno Andante

Prefácio

Todos aqueles que um dia já se sentaram para escrever depararam-se em algum momento com o desafio perturbador da página em branco. Aquele espaço vazio que o convida às infinitas possibilidades, mas, ao mesmo tempo, em algum lugar, o desafia, intimida. Foi mais ou menos esse o sentimento quando Giti me convidou para escrever o prefácio deste livro.

Como escrever sobre alguém que lhe mostrou que aquilo que você realmente é está além de qualquer corpo, qualquer história, qualquer noção de Eu separado, individualizado?

Conheci Giti quatro anos antes da radical mudança de perspectiva que o despertar de consciência trouxe à sua vida.

Testemunhei o processo da sua noção de Eu desfazendo-se na luz da Consciência. Acompanhei suas escolhas de deixar ir o que não fazia mais sentido – na verdade nunca foram escolhas, mas a única possibilidade real no entregar-se à confiança do fluxo da verdade que se descortinava à sua frente. Fui percebendo Giti e todas as identificações esvaindo-se na luz do despertar e abrindo espaço para o simplesmente Ser e estar a serviço da consciência. Sou muito grata ao Universo por esse testemunhar que está além de qualquer palavra.

Sentar-se em Satsang com a Giti é experienciar a metáfora da folha em branco, do espelho vazio, com a qual iniciei este texto. É adentrar esse nada aparente, esse suposto vazio e permitir que dele brote a percepção do todo. É desse silêncio interno desprovido de qualquer identificação ou expectativa que floresce nossa real identidade. Quando você realmente se rende e abandona toda e qualquer referência, quando você morre para quem acreditou ser, floresce sua real essência. Esse tem sido o apontar direto de Giti.

É um convite à simplicidade de simplesmente ser. Onde não há aquele que é.

Estar em Satsang é ouvir a *canção do Amor** até se tornar esse Amor.

Deva Nandi

---

* Significado de Prem Giti em sânscrito.

Introdução

Este é um livro vivo. Chamo-o de vivo por ele ter surgido a partir de encontros que tive com pessoas que estão buscando respostas para suas perguntas mais íntimas sobre o mundo, sobre a verdade e sobre o amor.

Enquanto a humanidade existir, as perguntas que compõem este livro irão existir.

Como humanos, buscamos incessantemente por respostas as quais acreditamos que em algum momento irão cessar nossas angústias, anseios e medos.

Como desapegar de dores e prazeres, de histórias do passado, dos desafios de nossas relações com o outro e com nossa própria existência? Como ir *além de crenças* e ideias que temos sobre nós, o mundo e sobre o outro? Como encontrar a sabedoria interior que nos abre a porta para a liberdade? Em última instância, como sair do sofrimento e encontrar contentamento?

A princípio, podemos acreditar que em algum momento retornaremos ao paraíso. Lá, um lugar sem dor onde encontraremos Deus. Procuramos, então, Ele por toda parte, por todos os tempos e de todas as formas. Uma busca incessante que começa com a ciência, passa pela física quântica, por religiões, terapias e espiritualidade. Mas, para a desilusão de nossas esperanças, nunca chegamos à paz suprema e duradoura que tanto buscamos.

Isso acontece porque estivemos buscando fora de nós aquilo que se encontra aqui e agora.

Eis o paradoxo. Para encontrar a paz, precisamos parar de buscá-la. Precisamos parar de rejeitar a dor e de desejar o prazer. Precisamos parar de querer mudar aquilo que já é perfeição por natureza. Este é você. A mais pura perfeição divina, imagem e semelhança de Deus. Comece, então, partindo dessa consciência e, aos poucos, todas as perguntas serão dissolvidas na luz da mais pura verdade. Você e Deus são um, não dois.

Por meio das respostas dadas às perguntas surgidas nesses encontros, a verdade irá, gradativamente, se revelar e nos guiar para a autêntica paz.

Nossa consciência criou a mente e o corpo para que assim pudéssemos ter uma experiência objetiva, a qual chamamos de humanidade. Mas, para além da experiência humana, das dores e dos prazeres, dos medos e dos desejos, e de toda a dualidade e conflitos criados pela mente, e de todas as histórias criadas sobre nós, existe apenas o ser real. Todo o resto passa. O ser real, nossa pura essência, é o que fica. Nada pode mudá-lo, perturbá-lo, destruí-lo, e a realização disso é a realização da paz que por tanto tempo buscamos. E é para ela que o livro aponta a cada resposta. A paz nunca poderá ser encontrada fora de você e nenhum esforço o levará a ela. Se você se abrir para uma compreensão que vai além do intelecto, a paz se torna então uma experiência direta do ser.

Seja bem-vindo!

Eu o convido a conhecer

a luz que não cega os olhos,

o amor que não incita controle,

os sentimentos que não o dominam,

a calma que não abafa seus gritos,

a vulnerabilidade que não o torna fraco.

Eu o convido a

ver o que não pode ser visto,

a ouvir além das palavras que digo,

a saltar no desconhecido sem medo.

O que aparenta vazio está cheio,

o que aparenta feio é belo,

o que aparenta imperfeito é perfeito.

E sem ter nada, terá tudo.

E sendo ninguém será tudo.

A Mente

O que são crenças e como deixá-las?

A princípio e de uma forma direta, posso dizer que crenças são ideias aleatórias, na maioria das vezes equivocadas, que temos de nós mesmos, do outro e da vida, que vêm de um condicionamento coletivo.

Elas podem vir de nossos antepassados, de uma cultura, de um povo, de uma religião, de diferentes tempos e espaços. Elas nos chegam por intermédio da família, da escola, da televisão, da internet e são estruturadas como se fossem a verdade.

E assim criamos nosso senso de EU, ego e toda a nossa história. Nossas buscas são referenciadas pelas crenças que temos a respeito de tudo.

Por exemplo, se alguém lhe diz que você é incapaz de realizar algo, você pode acreditar e essa crença fará com que se sinta de fato incapaz de realizar alguma coisa. Se alguém lhe diz que é difícil ter um emprego, você pode se sentir bloqueado em conseguir um. Então, sua vida será referenciada por todas as crenças que você inconscientemente tomou como verdade.

Alguém pode lhe contar algo a respeito de alguma experiência que teve, mas como podemos acreditar se não passamos por ela?

Um indivíduo sai de um restaurante, por exemplo, e comenta algo sobre a comida que acabou de comer. Mas você só saberá se o que ele diz é real quando experimentá-la. E, ainda assim, a cada vez que comer a tal comida a experiência será única, ou seja, nem mesmo sua experiência será suficiente para que defina algo como verdade absoluta.

Todas as experiências dos sentidos são relativas. Todas as percepções, sensações, experiências, emoções e pensamentos são relativos. Eles estão em constante mudança e impermanência. Mas a mente, por segurança, quer tomá-los como verdade, para que assim você possa construir um EU definitivo e seguro. A mente se sente insegura quando percebe que não há nada de sua experiência que possa agarrar e definir como verdade.

Então, você se pergunta: se tudo é relativo, onde está, enfim, a verdade absoluta?

A verdade é aquilo que está *além das crenças* e das ideias que você tem sobre si e o mundo. E ela se revela quando você para de querer definir a si mesmo como alguém que é isso ou aquilo, de definir o outro como isso ou aquilo, de definir o mundo como isso ou aquilo. Isso são apenas crenças. E as crenças não têm tanta importância, a ponto de termos de nos livrar delas. Você não precisa deixá-las. Elas não são nem mesmo suas. Não têm nem mesmo força ou poder sobre você, a mente apenas acredita que elas têm.

São crenças, e não verdades.

Uma vez uma pessoa me perguntou: "se um dia eu liberar todas as minhas crenças negativas eu me ilumino?"

É possível que enquanto você tiver um corpo, crenças apareçam. Mas o fato é que liberar suas crenças não é algo fundamental se você sabe que elas não o definem ou regem sua vida. Então, aos poucos, naturalmente elas deixam de ter força ou qualquer domínio sobre seus atos. De forma gradativa, elas simplesmente param de parecer determinar quem você é.

E, se elas chegarem, você não vai mais estar tão ocupado em brigar e lutar contra elas, mas vai focar a consciência que percebe a sua identificação com as crenças. Quando você começa a focar a luz da consciência, o que estava escuro passa a ser iluminado, então, as crenças começam a não ter mais importância na sua vida, por isso vão aos poucos perdendo sua razão de existência.

Mas não basta saber disso, é preciso uma vivência direta dessa verdade. E é isso que proponho em nossos encontros e práticas. Não há mais tempo a perder. Não há mais onde buscar. Não há mais lugar aonde ir. É hora de ir *além das crenças*. É hora de despertar. Por isso lhe faço este convite. Por isso você está aqui. Encontre a sua real identidade e conhecerá a verdade. E isso só é possível agora!

Qual a causa do sofrimento?

Resistir ao que a vida lhe oferece gera dor e sofrimento. Sempre que você resiste a uma coisa, gera uma contrarresistência. Isso é uma lei da Física. Desse modo, se você resiste, o conflito imediatamente aparece; mas se você flui e aceita a vida sem resistência, não existe conflito.

Muitas vezes, a vida traz situações que geram sentimentos que não agradam ao ego. E você tem medo de lidar com elas. Então, o que você faz é fugir. Nossa mente é especialista em criar rotas de fuga de situações que nos desagradam. Ela cria artifícios lógicos e eficazes para isso, e você inconscientemente acredita que, se fugir, vai estar protegido dos sentimentos que determina como vilões.

O fato é que esses sentimentos não são seus vilões, e essa compreensão é fundamental para que você saia das armadilhas da mente e pare de fugir das grandes chaves que evidenciam sua real natureza. Mas até que essa compreensão aconteça, a mente, em sua "sofisticação", cria algumas rotas de fuga.

A primeira rota de fuga acontece pela negação. Você diz: "Eu não estou sofrendo, não está acontecendo nada, está tudo bem", ou seja, nega os sentimentos. Você mente para si mesmo abafando os sentimentos até que eles se congelem e se tornem bloqueios do fluxo energético em seu corpo.

A segunda rota de fuga acontece quando você começa a buscar soluções que vão anestesiar ou camuflar as sensações. Por exemplo, você usa remédios, drogas, cria compulsões por festas, sexo, comida, filmes, trabalho, terapias e religiões.

A terceira rota de fuga é projetar no outro, ou na existência, a responsabilidade pelo seu sofrimento. Então, você se torna uma vítima e entra no drama do sentimento, tomando-o como o causador da "desgraça de sua vida". Além disso, acusa o outro como o causador de seus tormentos. Quando você se esquiva da responsabilidade, ameniza temporariamente a culpa e a dor.

A quarta rota é dar uma resposta reativa e imediata às situações, usando suas crenças como referência; geralmente essas reações vêm acompanhadas de sentimentos de raiva, medo e desprezo, em vez de consciência e amor.

A quinta rota de fuga é o ato compulsivo de reclamar, rotular, definir, criticar, justificar ou querer entender com a mente o motivo de determinado sentimento ou situação que está se manifestando. Você quer saber a raiz do que lhe causou o desconforto e nomear isso, e fica tão obsessivo que começa inconscientemente a inventar motivos que justifiquem e aliviem sua dor. Você acha que encontrando uma causa para seus incômodos estará livre deles.

Mas o que você não sabe é que nenhuma justificativa da dor vai impedir que você siga identificado com ela. Você pode até amenizar a dor, mas ela estará lá, pronta para ser acionada pela vida. Até que decida parar de fugir. Além disso, existem muitas outras rotas de fuga, e se você não está consciente disso, a vida se torna uma constante fuga. Fuga de si mesmo. E você não resiste apenas aos desconfortos. Resiste também ao amor. Por correr o "risco" de, ao entregar-se a ele, de alguma forma ter de se desfazer de tudo aquilo que você acreditava como verdade.

É por isso que as pessoas têm tantas questões de relacionamentos. Porque elas se relacionam por meio das crenças. Mas quando começam a sentir o amor puro e incondicional, todas as suas ideias, conceitos e construções sobre relacionamentos vão por água abaixo. Então, de novo, elas acionam as rotas de fuga. E essas são apenas algumas formas de resistir.

Apenas quando você começa a se dar conta desses mecanismos da mente e saber que eles não determinam quem você é, algo começa a mudar. Mas é preciso parar de resistir e de fugir de qualquer sentimento. Parar de resistir à força da verdade. E, para isso, pode ser que algumas vezes você tenha de acolher e aceitar até mesmo a própria resistência.

Parar de resistir o leva à verdade. A força real só existe na verdade, essa é a sua natureza. Observe uma criança. Ela não tem nenhuma resistência em chorar, em sentir.

Ela só começa a resistir aos sentimentos quando os pais lhe dizem: "Pare de chorar que é feio, controle-se". Só então ela começa a pensar e a julgar esse sentimento como algo errado.

A partir de então, quando o sentimento vem, ela resiste. Resiste porque, além do sentimento em si, existe um pensamento sobre esse sentimento. Ela aprendeu a resistir a algo que, a princípio, é tão natural e puro que ela nem mesmo persistia na dor. Ela vivia o sentimento em sua pureza. Ela chorava e logo passava.

Uma das características humanas é sentir, além de expressar sentimentos e dores. Quando a criança se machuca, o adulto vai fazer tudo para que ela não sofra. Às vezes, até mentir: "não doeu nada", mas na verdade doeu. Estamos escondendo a verdade, como algo proibido e perigoso.

A dor foi rotulada como algo ruim. E isso acaba por reforçá-la. Se você não a aceita, ela permanecerá lá, seja de forma latente, seja de maneira reprimida, até que você se lembre de aceitá-la.

Resistir à dor cria sofrimento. A dor não tem a ver com o sofrimento. Ela é uma manifestação passageira do corpo físico ou do corpo emocional. É um sinal amigo de que algo deve ser olhado.

Mas o sofrimento vem de uma identificação com a dor. Toda vez que você se identifica com algo cria um senso de EU. Assim, inconscientemente, você toma esse EU como uma identidade e, de alguma forma, por acreditar ser essa identidade, começa a defender, a querer manter esse EU SOFREDOR. Não é à toa que as músicas que falam de sofrimento, perdas, separações, assim como as novelas, fazem tanto sucesso.

Você está apegado a seus dramas e sofrimentos. Em algum lugar, acha que uma vida sem sofrimento é uma vida sem graça ou sem valor. Ainda por cima, acredita que, ao se desapegar do sofrimento, vai perder sua identidade, além de carregar uma culpa muito grande por ter deixado para trás tantas pessoas que você ama e julga estarem em sofrimento, sentindo-se responsável pelo que se passa com elas.

Por que nos guiamos por desejos e medos?

Uma vez, ouvi de meu Mestre: onde há mente, há desejo e medo.

Por alguns anos, dediquei-me a investigar a natureza dos fenômenos da mente e a entender o que eu acreditava estar criando neste mundo a partir disso.

Compreendi, então, que a mente funciona por meio de dois impulsos: o de querer algo e o de rejeitar algo.

O querer vem de um desejo de repetir alguma experiência do passado que lhe trouxe sentimentos que você reconhece como satisfatórios, por exemplo, alegria e prazer. Isso faz, então, com que você busque constantemente por circunstâncias que ativem em si esses sentimentos.

Pode vir também do desejo de vivenciar aquilo que lhe disseram ser o melhor para você. E para confirmar sua confiança no outro ou para satisfazer o desejo dele, você compra as promessas de satisfação e toma tais desejos como seus.

Então, você diz: "eu quero".

Já se uma experiência do passado lhe trouxe dor e tristeza, você não vai querer repeti-la. Às vezes nem foi uma experiência sua, mas de alguém que você ama. Por exemplo: se sua mãe lhe diz que relacionamentos só geram sofrimento, pode ser que inconscientemente você desenvolva um bloqueio em se relacionar. Claro que ela faz isso porque não quer que você sofra como ela sofreu.

E você, por empatia ou por pactos inconscientes de fidelidade a sua mãe, toma esse sofrimento como seu, principalmente se tiver presenciado a dor que ela sentiu. Assim, você tem medo e diz: "não quero".

Você passa a sua vida querendo e não querendo. Desejando e rejeitando.

Quando você deseja, sua mente é transportada para o futuro; quando você teme, ela está referenciada no passado. A mente funciona dentro do mecanismo de tempo cronológico e, como você está identificado com ela, fica à mercê do passado e do futuro, e não consegue viver e desfrutar a eternidade do agora.

Você se esqueceu de que a vida flui, independentemente de seus quereres e medos. Durante a vida, você pode até mesmo satisfazer muitos de seus desejos. Mas precisa, também, se lembrar de que nem sempre é assim que acontece. E se por medo de repetir certas experiências do passado você rejeitar o inusitado, pode estar deixando de viver a dádiva da presença. Se estamos sempre desejando e temendo, deixamos de receber toda a abundância que o universo tem a nos oferecer agora.

Só quando se dá conta de que seu Eu real não tem passado nem futuro, você começa a desfrutar a vida. Cada momento se torna único. E tudo começa a acontecer desde a presença. O coração, não mais a mente, se torna seu guia. Este é portal para o amor.

Mas existem desejos autênticos?

Os desejos autênticos são os desejos desapegados. Eles afloram como expressão natural da felicidade do ser, portanto, se suas ações o levam a realizá-los, você poderá viver os prazeres inerentes a tal realização sem tomá-los para si. E se suas ações não o levam à realização desse desejo, ainda assim você estará realizado. Para o ser pleno, nada falta.

Porém, a maioria dos desejos não é autêntica, pois vem de uma falta. O que de fato você quer é preencher essa falta e, por isso, acaba projetando em pessoas, situações e objetos aquilo que acredita que ao conquistar o fará se sentir preenchido. Esse é o desejo do ego. E o objeto do desejo do ego nunca lhe trará felicidade. A felicidade condicionada a alguma coisa não é a real felicidade, mas um prazer momentâneo que, cedo ou tarde, desaparece, dando lugar a um novo desejo do ego.

Então, tudo o que queremos é ilusório, criado pela mente?

O sábio não se apega aos desejos dos sentidos, nem por isso os rejeita.

Se você sabe que todo desejo criado pela mente só existe para lhe trazer uma felicidade momentânea, então sabe também que o que você quer, cedo ou tarde, pode criar frustração e sofrimento.

Mas se você sabe que seus desejos são autênticos e desapegados, então, pode brincar com eles.

Você acredita ser um personagem de um grande filme de aventura. Perceba que sua mente e seu corpo inventam muitas histórias para si nesta existência. Ora um drama, ora uma comédia.

A mente é um filme que se projeta na tela da consciência. Algumas vezes, você se apega e se confunde com o personagem desse filme. Mas se acende a luz do cinema, tudo isso desaparece. A única coisa que permanece é a tela vazia. Pronta para uma nova projeção.

As histórias passam. Os personagens passam. As emoções e as sensações passam. Os pensamentos passam. Até seu corpo e sua mente passam. Mas sua real identidade permanece. Consciente disso, você pode se divertir. Quer você corra, quer você dance, quer você chore, quer você trabalhe, quer você coma, você se diverte!

Lembre-se de que nessa grande brincadeira do universo existe algo que não passa. E isso é Você. A luz infinita que permanece e a tudo transpassa. Por toda eternidade, agora.

Como me desvincular da mente?

A mente é uma das expressões da consciência. Quando ela está a serviço da sua fonte, a consciência, ela o apoia. A mente apoiada por sua fonte é muito inteligente e pode dar forma às mais diversas expressões. Por exemplo, neste momento a mente pode estar sendo usada a serviço da consciência para lhe responder a determinada pergunta, utilizando as palavras mais adequadas, dentre as quais ela tem conhecimento para isso.

A mente não é um problema se ela estiver a serviço do amor, que é também outro nome para a consciência. Para que isso aconteça, você precisa apenas compreender que não é sua mente, e sim a consciência de onde ela surge. A mente por si própria é composta apenas por crenças e ideias que aprendemos a respeito das coisas, e os pensamentos oriundos delas, que são também mutáveis. O problema é quando acreditamos ser a mente com todas essas ideias e conceitos.

Tenha clareza de que as ideias da mente são instáveis e não o definem. Ainda, por ser algo sem substância e sem força por si mesma, ela não é um problema.

Perceba-se como consciência da mente, não como mente em si, e terá se desvinculado dela.

A dor que você está sentindo passa. Experimente parar de julgar como ruim, seja lá o que for que a vida estiver lhe trazendo.

Nada é bom, nada é ruim, tudo apenas é. E quando você para de rotular a vida, ela floresce. Mas a única possibilidade de florescimento é quando você sai do drama da mente e para de brigar com o que chama de desconforto. Quando ele vier, deixe que venha, acolha, aceite, agradeça por tudo o que a vida lhe traz e você estará livre do drama. Aí sim o silêncio aparece.

Quando você começa a parar de resistir aos fatos da vida, a verdade se revela e o Ser Consciência propõe esse encontro com a verdade.

Quem é você além de suas máscaras?

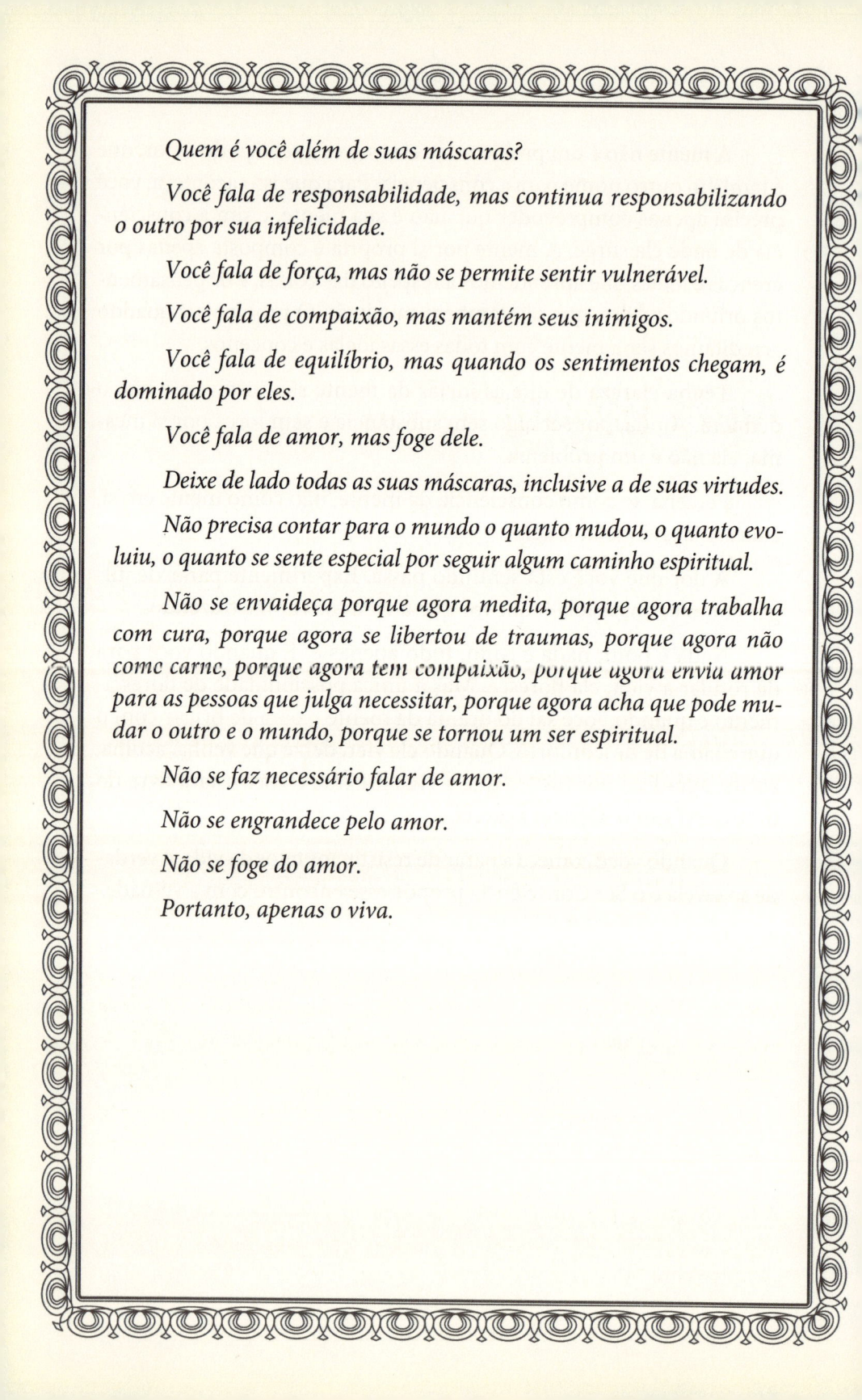

Você fala de responsabilidade, mas continua responsabilizando o outro por sua infelicidade.

Você fala de força, mas não se permite sentir vulnerável.

Você fala de compaixão, mas mantém seus inimigos.

Você fala de equilíbrio, mas quando os sentimentos chegam, é dominado por eles.

Você fala de amor, mas foge dele.

Deixe de lado todas as suas máscaras, inclusive a de suas virtudes.

Não precisa contar para o mundo o quanto mudou, o quanto evoluiu, o quanto se sente especial por seguir algum caminho espiritual.

Não se envaideça porque agora medita, porque agora trabalha com cura, porque agora se libertou de traumas, porque agora não come carne, porque agora tem compaixão, porque agora envia amor para as pessoas que julga necessitar, porque agora acha que pode mudar o outro e o mundo, porque se tornou um ser espiritual.

Não se faz necessário falar de amor.

Não se engrandece pelo amor.

Não se foge do amor.

Portanto, apenas o viva.

Além da Dor

Como lidar com desconfortos emocionais?

Ninguém gosta de sentir desconforto, seja ele qual for. O ser humano tem, inclusive, o hábito de reagir imediatamente quando sente qualquer tipo de desconforto. Se você está com dor, vai tomar um remédio. O ser humano quer se sentir bem e vai fazer tudo para isso.

A questão é que muitas vezes resolvemos o desconforto, mas deixamos de nos dar conta de que o desconforto não é nosso inimigo. Ele pode ser uma chave para a elaboração de alguns processos internos que estamos vivenciando.

Vou usar aqui uma metáfora. Imagine que você está arrumando seu quarto. Tudo que vê e toca nesse recinto está no seu consciente. Mas, no canto do seu quarto, existe um baú que você não abre há muito tempo. Lá, você guarda vários objetos antigos aos quais está apegado. Debaixo desses objetos tem um tesouro valioso, mas esse segredo é guardado a sete chaves, tanto que você mesmo quase se esqueceu dele.

Esse baú representa seu subconsciente. Todos os objetos são suas histórias marcantes, seus segredos, medos e anseios. O tesouro é sua mais nobre essência, sua natureza divina. Quando você começa a abrir o baú, a poeira levanta e você passa a espirrar. Seu corpo dá sinais, pois você está trazendo para fora aquilo que estava há muito tempo escondido, intocado.

Quando sentimos qualquer tipo de desconforto, seja físico, seja emocional, significa que estamos nos tornando conscientes de algo. Estamos abrindo o baú. E precisamos de um tempo até reconhecermos o objeto tirado de lá, até que ele seja limpo e colocado no lugar adequado, até que seu corpo se adapte e pare de espirrar. Eu chamo isso de integração e elaboração de um processo interno.

Se você simplesmente fecha o baú, vai ter que voltar a abri-lo mais tarde. E se demorar muito tempo, os objetos vão mofar, dar cheiro, e lidar com eles vai se tornar inevitável para que continue nesse quarto, porém o processo agora é muito mais desafiador.

Quando você toma um remédio e melhora, sem a consciência do que está se revelando por meio da dor, está apenas fechando o baú. Em alguns casos, pode ser necessário para o corpo que isso seja feito. Esteja apenas consciente se isso é uma fuga ou não.

Muitas pessoas preferem fugir dos sentimentos e trancá-los lá dentro do baú para evitar o sofrimento. Então, quando uma tristeza emerge, você começa a querer fugir dessa sensação. Começa a ligar para um monte de amigos, para ver se alguém o anima ou, então, toma um calmante para ver se a tristeza se ameniza, ou vai dormir...

Enfim, de alguma forma você vai fugir desse desconforto; isso é o que você aprendeu a fazer a vida inteira. Aprendeu que o desconforto é algo ruim, que a tristeza é algo ruim, que a dor é algo ruim. E, por causa dessa crença, não consegue mais simplesmente sentir a tristeza e aceitá-la.

Quando um sentimento vem, além da sensação você tem também um pensamento sobre essa percepção. E esse pensamento está imbuído de julgamentos, ideias e conceitos. Você passa a vida brigando com sentimentos e sensações.

Quando você era pequeno, provavelmente ouviu sua mãe falando: "não chore, não pode chorar". Você era criança e estava triste porque perdeu um brinquedo de que gostava muito, então chorou. Mas não é permitido chorar. Porque chorar é uma coisa ruim. Porque a gente tem que ficar bem. Porque o bem é o certo. Mas quem disse isso? De onde vêm todas essas ideias que geram essas condicionamentos?

Quando o adulto diz para a criança parar de chorar, está apenas projetando nela sua própria dor. Está lhe ensinando a fechar o baú. Você aprendeu, desde sempre, que um sentimento pode ser bom ou ruim, por exemplo, a alegria é adequada, a tristeza é inadequada. Então, o que gera o maior desconforto não é a tristeza em si, mas o que você pensa sobre ela.

Quando você começa a lutar contra a tristeza ou contra qualquer outro sentimento ou sensação física está reforçando-o e aumentando seu tempo de duração. Com isso, você entra em sofrimento e em um drama aparentemente interminável.

O sentimento em si é funcional. Se os pais pudessem dizer aos seus filhos: "É triste mesmo. O brinquedo sumiu. Chore. Vai passar", essa aceitação traria consigo um grande relaxamento. Tudo bem sentir. Um sentimento não é bom ou ruim. Isso é um julgamento. Com base em que você o chama de ruim? Baseado em alguma história do passado na qual você se apegou.

Alguma vez você ficou triste e o rejeitaram, alguma vez ficou triste e lhe disseram que isso era sinal de fraqueza. Você cresceu com ideias equivocadas sobre os sentimentos.

Mas a realidade é que se você aceita os sentimentos sem julgamentos, eles cumprem sua função de elaborar determinada experiência e, no tempo perfeito, passam. O tempo perfeito não é aquele que você imagina e quer que seja. É o tempo real e necessário para que limpe os objetos do baú e coloque-os limpos em sua prateleira do quarto.

Seu corpo é sábio. Todas as sensações e emoções podem ser grandes amigas se você não entra no drama e se permite que elas façam o que tem de ser feito. Pare de lutar contra os sentimentos. Acolha-os e saberá que são fenômenos passageiros.

Seja como um bebê. Chore. E depois ria. Mas não se apegue a nenhum desses dois sentimentos. Um bebê chora por estar com fome. Esse choro é um sinal. É um amigo. Ele não tem pensamentos e histórias sobre esse choro. É um choro puro.

A mente está sempre sendo excessiva, ou seja, criando histórias desnecessárias. Ela faz mais do que precisa. Deveria ser útil para fazer cálculos e pensar em como preparar uma boa comida, mas ela acaba se excedendo.

Nenhuma experiência que emerge no corpo é boa ou ruim, nem tem de necessariamente ser suprimida ou negada. Você não precisa brigar com a natureza do corpo. Não precisa negar as emoções e sensações. Isso não significa que é para você ignorar: "ah, não, estou sentindo dor, vou ignorar a dor, não vou fazer nada porque agora eu sou zen". Você pode tomar um remédio e se sentir melhor se necessário.

Mas quando você julga, acaba entrando e se perdendo no drama. Quando você dá um valor excessivo ao que lhe disseram sobre o que é bom ou ruim, entra no conflito e para de aceitar os presentes que a vida está lhe trazendo. Se você para de brigar com a vida, e com o que chama de desconforto, algo acontece.

Quando o desconforto estiver surgindo, primeiro perceba se ele é um sinal funcional de que algo está errado ou se por trás dele existe uma história. Nesse caso, observe quem é esse que o está determinando como algo ruim, quem é esse que quer exterminá-lo. Experimente fazer um movimento contrário. Deixe vir, acolha, aceite, agradeça por tudo que a vida lhe traz e você vai se ver livre do drama. E aí, o silêncio aparece.

As sensações e os sentimentos são presentes que lhe apontam para o amor. O amor está por trás de todas as histórias que estiveram escondidas por tanto tempo no baú. Concentre-se no amor e não nos objetos. Remova-os do baú para que o tesouro se revele. Ele sempre esteve lá. Não se apegue aos objetos, tampouco feche o baú.

A pergunta é: "quem é este que está sentindo a dor?". E como tenho dito, essa pergunta nem mesmo precisa ser respondida. Se feita com o coração aberto, já o transporta para o centro do seu Ser. A resposta possível é: "eu não sou esse corpo que tem essa dor".

Você é a consciência que percebe tudo isso. Quando começa a ser consciência, seu foco sai do limitado e vai para o ilimitado. Quando você vivencia essa situação, o sofrimento começa a desaparecer. E nenhum treinamento é necessário para isso. Não há nada que você possa fazer para chegar a essa consciência, unicamente porque ela sempre esteve aí. Abandone a ideia de que você precisa fazer qualquer coisa para que possa simplesmente ser o que já é. Não faz sentido. Ninguém pode ensiná-lo a ser o que você já é. A natureza do passarinho é meramente ser passarinho, ninguém pode ensinar isso a ele. E a sua é ser você. Quando você começa a ter clareza daquilo que não é, o que você é inevitavelmente se revela.

Nada me traz alegria. O que faço?

Primeiro entenda que o que chamamos de alegria é, na maioria das vezes, um sentimento de êxtase por termos conquistado algo. Condicionamos, muitas vezes inconscientemente, nossa alegria a algo ou a alguém. "Fico alegre porque passei no concurso, fico alegre porque arrumei um namorado, fico alegre porque minha mãe fez aquilo que eu queria."

Perceba, agora, se essa alegria que busca está condicionada a algo externo a você. Como você pode depender de alguma coisa para se sentir alegre? Pare e perceba, você já é pura alegria por natureza.

A alegria é a expressão pura do amor do qual você é feito. Mesmo que venham medos e anseios, angústias e prazeres, conquistas e fracassos. Tudo isso surge do amor. Tudo é a manifestação do amor, e a consciência disso deveria ser suficiente para você celebrar cada momento e situação que a vida lhe traz.

Cada manifestação viva tem um tom na sinfonia do universo. Então, celebre. Dê as boas-vindas para todos os convidados que por esta vida passam: as tristezas, os medos, os prazeres e a dor. Todos esses sentimentos fazem parte do amor e estão incluídos na alegria que não se condiciona a nada. Em sua mais nobre essência, a alegria é puramente incondicional.

Você acorda, está vivo e agradece. Você recebe o sorriso de uma criança e agradece. A tristeza vem e você agradece. Isso é estar em profunda comunhão com Deus. Essa é a alegria que mora em um coração desperto.

Gostaria de sentir mais euforia. Eu me sinto sem alegria até mesmo na viagem dos meus sonhos.

Muitas vezes, congelamos nossas emoções por medo de nos permitirmos viver determinados sentimentos. Seja por algum trauma, seja por histórias do passado, algumas pessoas fecham as vias de acesso a certos sentimentos.

Se a mãe bate em uma criança e diz: "eu estou fazendo isso porque eu te amo", a criança associa amor a dor. Essa criança pode crescer com medo de se permitir amar. Então, o que acontece é uma fuga do amor.

Pensamos ser mais fácil fugir da dor, mas muitas vezes fugimos do amor. Qualquer fuga pode gerar alívio imediato, porém, mais cedo ou mais tarde, gera sofrimento. Você congela o sentimento, mas na verdade o está reprimindo.

Observe um riacho. As águas fluem. Elas não param. Elas vêm e também vão. Podemos fazer uma represa ou podemos deixar que o riacho flua. Quando nos apegamos a um sentimento e desejamos enclausurá-lo, criamos uma estagnação. Nossos sentimentos são como as águas, e você é como o riacho por onde elas passam.

Se você cristaliza ou congela sentimentos, estará inevitavelmente criando uma represa.

Tudo que é represado para de fluir e vai se estagnando. Mas em algum momento será inevitável que a energia represada no corpo encontre uma forma de fluir, caso contrário, a pessoa cria sintomas e doenças que, dependendo da intensidade, podem se tornar irreversíveis.

Água parada é água morta. A estagnação é a morte. O amor é fluxo. E fluxo é movimento. A vida é movimento. Se você evita o fluxo, está interferindo no processo de vida. Quando você muda seu foco da mente para a consciência, para de interferir no fluxo da vida deixando que ela flua, deixando que sentimentos e sensações fluam.

A consciência está além de quaisquer sentimentos, e os permite fluir com desapego. Quando você não dá tanta importância aos sentimentos, eles podem vir e ir. Às vezes, vem uma alegria, às vezes, uma euforia, às vezes, não vem nada. Em qualquer dessas situações, você está em paz. Você é a paz de onde todos os sentimentos surgem e desaparecem.

É necessário (e possível) curar a criança ferida que há em nós?

Estar presente é estar consciente de que seu passado só existe na memória da mente, e que quem você de fato é vai além de qualquer história. Este que você é não carrega as marcas e as dores do passado, podendo assim olhar sua criança ferida com desapego e compaixão.

Na presença você está consciente, sua natureza não é a dessa criança que tem essas emoções. Você estava apenas identificado com ela. Assim, as emoções dessa criança não mais o afetarão. Eu não chamaria isso de cura, mas de transcendência de uma identificação.

Como manter o equilíbrio sem reagir a certas situações? Muitas vezes eu só volto à minha consciência após uma explosão de raiva.

Pratique mudar seu foco. Na próxima vez que vier um sentimento, se possível antes mesmo da explosão, foque a consciência desse sentimento. Observe cada detalhe. Cada pensamento que vem com ele. No início, pode ser que a explosão venha. Estamos habituados a ser guiados por nossos pensamentos e sensações. E, de alguma forma, até gostamos disso.

Se a explosão vier, observe. Esteja presente no evento. Você vai perceber que o simples fato de estar presente já muda a qualidade da explosão. Agora você está consciente dela no exato momento em que ocorre. Continue consciente durante todo o processo. Você é a consciência do processo. Você nunca saiu da consciência, portanto não pode voltar a ela. Só esteve concentrado nos fenômenos da mente, do corpo e das emoções. Você vai notar que a mente e o corpo se expressam em diferentes camadas. Siga-as com seu olhar interno. Ao se manter presente, você para de alimentar a raiva e começa a perceber que, assim, ela perde sua força.

Muitas vezes, depois de uma explosão vem a culpa, um arrependimento e, com eles, uma tristeza. Isso acontece porque você está se julgando. Identifique o juiz. Identifique o culpado. Por um lado, o juiz; por outro, o culpado. Perceba como a mente adora a dualidade. Ela sempre dá um jeito de ir ao seu oposto, na tentativa de um equilíbrio.

Mas a mente não pode lhe trazer equilíbrio, pois a natureza dela é a dualidade. O equilíbrio só acontece quando você deixa de dar poder à mente de guiar sua vida.

É como se o mentiroso ficasse tentando converter a mentira em verdade. Não há como fazê-lo. A mentira nunca vai se tornar verdade. São naturezas distintas. Mas a mentira pode ser um aspecto de você enquanto está identificado com a mente, e isso também se manifesta dentro de uma verdade maior que é a consciência. Tudo é uma manifestação da consciência. E a consciência é, em essência, o que chamamos de amor supremo. Ele não discrimina nem distingue. O amor apenas acolhe. Então, a mentira até pode estar dentro da verdade, mas nunca se tornar ela. Assim como a verdade nunca poderá se tornar a mentira, nem mesmo pode estar dentro dela.

Seja o amor de onde emerge até mesmo uma explosão. Você não é mal por isso. Você se torna responsável por qualquer ação no momento exato em que se torna presente e consciente dela. Isso é compaixão. Isso o leva ao perdão. E perdão não é fingir que nada aconteceu para que tudo fique bem. Não é achar que o outro o fez sofrer, mas já que você é "bonzinho", prefere esquecer. O perdão acontece quando você reconhece a verdade. E a verdade é a mesma para todos. Não importa o que aconteça, tudo será uma das expressões do amor.

E quanto mais você foca o amor, menos reações serão necessárias. Isso acontece naturalmente. Apenas se lembre: você é amor. Explodindo ou não. O outro é amor, incitando raiva ou não. Ao vivenciar isso, você percebe que a energia da raiva se ameniza, ou naturalmente começa a tomar outra forma, ou desaparece.

E o que permanece, para além de toda a experiência em si, é o amor.

Existe agressividade saudável?

Se você reprime um sentimento em vez de expressá-lo, seja ele uma raiva, uma tristeza, uma alegria, acaba imediatamente gerando uma estagnação energética e um desequilíbrio no corpo. Então, em algumas circunstâncias, é saudável para o corpo que esse sentimento seja de alguma forma expressado. Quando você está consciente, a raiva pode ser expressada sem que se torne agressividade. Não chamo isso de repressão, mas de um ato consciente de redirecionamento energético.

Torne-se consciente de qualquer sentimento que emerja e sua expressão será guiada pelo amor.

Raiva é uma energia e pode se transformar em um canto, uma corrida, uma pintura. Mas pode se tornar também uma expressão pura, guiada pelo amor e pela consciência.

Jesus entrou no templo e com um chicote tirou todos os mercadores de lá. O chicote estava nas mãos da consciência. Dessa forma, é possível deixar que essa energia passe por você e vá embora sem que você se perca ou se confunda com a emoção. A raiva consciente não fere a integridade do outro.

Comece com pequenos sentimentos. No exato momento em que um sentimento aparecer, não o reprima nem busque uma ação de catarse. Se for possível, apenas fique presente e o observe. Perceba todas as nuances dele. Note seu desejo de fugir dele ou de projetá-lo em alguém. Observe as sensações e os pensamentos que o fato de não fazer nada pode lhe trazer. Acolha com amor seus sentimentos. Não os julgue.

A alegria você quer, mas a raiva não. Observe que pensamentos você tem sobre a raiva. Você a julga como algo mau? E se você percebesse que por trás dessa raiva existe apenas amor, sublime e puro?

A criança grita quando está com raiva do amigo que lhe tomou o brinquedo. E seu grito está em plena harmonia com o todo. Ela está expressando o amor por meio do grito, porque existe verdade ali. Não existe julgamento, apenas o sentimento puro. E se você observar, pouco depois eles estão brincando de novo. Não mudou nada. O amor sempre esteve lá. E a expressão da raiva vinha da verdade, da presença. Se houvesse um julgamento, imediatamente haveria uma identificação e, portanto, uma ação da mente.

Só a mente pode ser agressiva. O amor é ético. O outro e você são um só. Então, como você pode ferir a si mesmo? Você começa a se dar conta de que não apenas você é um Buda, como todos e tudo à sua volta também são. Nada mais pode estressá-lo. Como um Buda pode estressar outro Buda?

Então, tudo se torna uma grande chave para sua meditação. E, aos poucos, todos os ambientes estressantes não o afetarão.

Não é a verdade que dói

É a resistência a ela que dói.

É o medo do desaparecimento do ego, que inevitavelmente se dissolve diante da luz.

Por vezes, achamos que o corpo não vai aguentar. Mas não é o corpo que não aguenta. É o que pensamos sobre ele que não consegue mais se sustentar.

Adentrar a vacuidade da verdade é um ato de confiança.

É se desfazer da ideia de que somos tudo o que sempre acreditamos ser.

É se desfazer de todo o conhecimento que adquirimos.

É soltar as expectativas e se permitir viver sem certezas e garantias.

É parar de acreditar que todas as nossas ideias devem ser defendidas e protegidas.

Sim.

A verdade não deixa nenhuma mentira viva. A verdade é um desnudar-se por inteiro.

Mas o que se mantém depois disso?

Não posso dar um nome ao que fica nem buscar rotular isso criando uma nova ideia sobre a verdade.

Mas posso dizer que o que restar quando a verdade se revela é o essencial. Aquilo que ninguém pode lhe tirar nem lhe dar. Aquilo que nenhuma estratégia irá adquirir. Aquilo que não se pode conquistar. Aquilo que não está em nenhum lugar, portanto, não se pode encontrar.

Mas se pode reconhecer.

Porque sempre esteve aqui.

Porque sempre foi seu.

Porque sempre foi você.

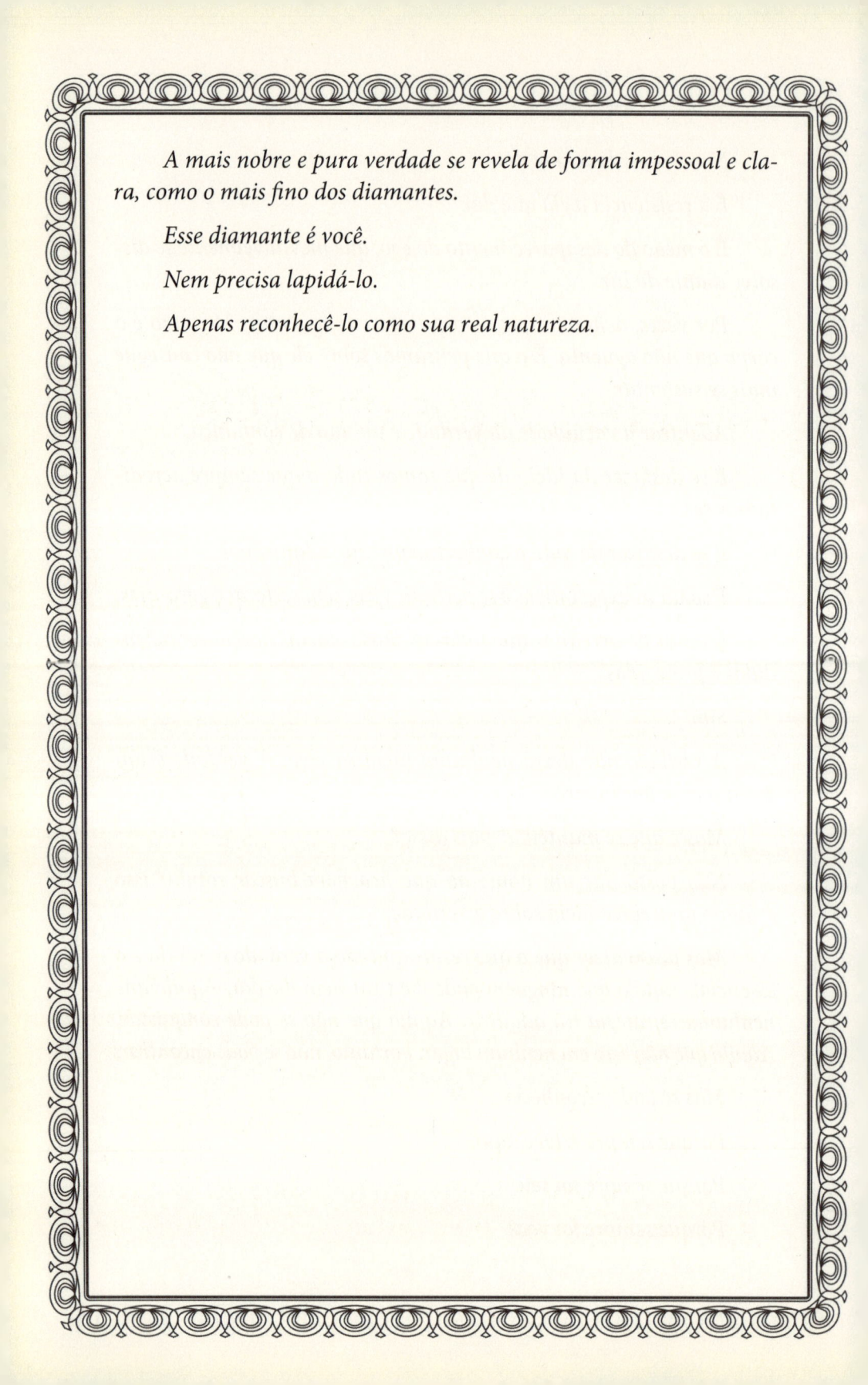

A mais nobre e pura verdade se revela de forma impessoal e clara, como o mais fino dos diamantes.

Esse diamante é você.

Nem precisa lapidá-lo.

Apenas reconhecê-lo como sua real natureza.

Além dos Jogos de Poder

Eu quero paz. O que faço?

Preocupar-se em querer coisas, querer pessoas, querer paz é desnecessário. Nada externo a nós pode nos trazer felicidade. O ser humano está sempre querendo paz e traça muitos objetivos para isso. Você quer paz, quer amor, quer dinheiro, quer realização profissional.

Você já é paz, já é puro amor. Você já é pura abundância. Toda a abundância chega quando você está disponível para que a essência divina se manifeste por você. Mas você ainda está apegado às facetas da dualidade.

Agora, exatamente nesse lugar onde você está, lendo este livro, você já tem tudo de que precisa. Já é um ser completo e abundante. Então, relaxe em quem você é. Deixe as coisas virem se tiverem de vir, deixe as coisas irem se tiverem de ir, deixe as coisas serem como elas são. Deixe o florescer acontecer por meio de você. Porque florescer é algo inevitável na natureza.

Assim como a flor veio a este mundo para exalar seu perfume, cada pessoa também tem seu perfume e está aqui para exalá-lo, à sua maneira. E se você permitir, isso acontecerá naturalmente porque é inevitável, é a sua natureza. Quando anseia demasiadamente por algo, o que você faz é o oposto. Você bloqueia o fluxo natural da existência, que acontece além de seus desejos e quereres.

Sua alma sabe quais são as ações inevitáveis para seu florescimento. Então, tudo começa a fluir; não de um querer, mas desse inevitável florescer. A paz é a sua natureza. Assim, fique em paz e seja paz.

Por que estou sempre em conflito?

Não é você, mas sua mente, que está em conflito. A mente tende a estar em conflito, pois ela funciona a partir de ideias e crenças opostas e duais. E fica viajando de um extremo ao outro. Ela categoriza, nomeia e define sentimentos, sensações, percepções e vivências criando ideias a respeito deles.

Ela tende a gerar apegos ao que julga como bom e rejeições ao que julga como mau.

Se suas vivências são guiadas pela mente, e não pelo seu coração, então você percebe que estará sempre indo de um extremo ao outro. Quando sentir alegria, perceberá que nela há a semente da tristeza. Como essa alegria ainda é a alegria condicionada, ela é inerente à tristeza porque todo o sentimento condicionado carrega em si seu oposto.

O mesmo acontece para o prazer e a dor, a coragem e o medo, etc.

Assim, sua vida está sempre em altos e baixos. E você acredita que o alto é o que vai lhe trazer felicidade. Fica, então, em busca de alegrias momentâneas.

Mas, no fundo, você sabe que essas alegrias passam e sua busca recomeça. Você quer o prazer, a alegria, a coragem e nega todo o resto. Nega a tristeza, o medo e a dor. Mas enquanto você viver identificado com a dualidade estará nos extremos, não poderá ir além de suas identificações com a mente. Por isso, seguirá nessa busca infindável da felicidade.

Você se esforça para ficar só com o lado "positivo" da mente, achando que isso é possível, fazendo com que sinta que é um ser humano "melhor". Você usa vários artifícios para conseguir isso: afirmações positivas, mentalizações, controle da mente e seus impulsos, além de repressão de emoções e sensações que julga como negativos.

Não basta fazer tudo isso para que você se liberte do conflito. A mente ainda estará atuando e, cedo ou tarde, aquilo que você julga como negativo acaba vindo à tona.

Se houver sentimentos de tristeza, raiva, você precisa passar por eles, olhá-los e acolhê-los com amorosidade. Perceber que todo esse jogo foi criado pela sua própria mente que queria ser feliz a partir do controle da experiência.

Entretanto, a mente não pode chegar à alegria incondicional porque ela em si é limitada. Mas pode ser uma ponte que aponta para a consciência que é em si a alegria e a felicidade incondicionais.

Apenas quando você se percebe como consciência, para de alimentar os mecanismos da mente e sai dos jogos da dualidade. E, a partir disso, você percebe que por trás da "aparente dualidade" só há unidade.

O conflito começa quando há dois e termina quando só há UM.

Tenho medo de perder tudo que é meu.

Tudo que você pode perder não é seu. Se você considera algo seu, imediatamente sente medo de que o tomem, de que o levem embora. Você acredita possuir algo e, por isso, quer proteger o que acredita ser seu. E não faz isso só com objetos. Você faz também com seu filho, com seu namorado, etc.

O senso de posse é uma grande ilusão. Você não possui nada e por isso tem tudo. O que é seu não pode ir embora. Só o que não é seu pode ir. Então, permita que o que tem de ir, vá. E dê as boas-vindas ao que quer que venha. Mas lembre-se de que o que é mesmo seu nunca virá e nunca irá. O que é seu sempre esteve aí e sempre estará.

O que consideramos morrer, na verdade, nem mesmo morre. Você acredita que a morte levará seu corpo, mas esse corpo não é seu. E ele tampouco morre. Ele é transitório. Transita de um estado a outro.

No mundo físico, nada morre, tudo apenas se transforma. O corpo, quando morre, transforma-se em adubo ou em cinzas. No mundo do manifesto tudo pode ser transformável, mutável. Mas para o ser absoluto não há morte porque nunca houve nascimento.

A consciência é permanente. Você é a consciência. Quando se percebe como o que permanece, e não como algo transitório, o medo desaparece. Você pode até desfrutar do transitório, mas seu foco é a consciência desse desfrute. A paz verdadeira acontece quando você se dá conta de que é a consciência de onde todos esses fenômenos transitórios aparecem e desaparecem. Então, mesmo que algo vá embora, você permanece em paz.

Quando você está consciente da impermanência do mundo, experimenta uma alegria infinita e incondicional. Uma paz que não depende de nada para sua existência. Você acorda de manhã, está em paz. Chegou um desafio, continua em paz. Você está em paz consigo mesmo, com o outro e com todo o universo.

Você sabe que seja o que for que estiver se apresentando faz parte da lei da impermanência. Então se dá conta de que tudo é perfeito como é, até mesmo aquilo que você chama de imperfeição. Logo, percebe que nem precisa estar eufórico na alegria, nem desesperado na tristeza. Porque assim como hoje chove, amanhã o sol aparece e esse é o movimento do universo. Na superfície tudo muda. Mas, na profundidade, a paz continua intacta.

Como sair do padrão de vítima?

Ninguém é responsável por aquilo que lhe acontece. Nem por sua felicidade, nem por sua infelicidade. Você é o responsável. Não pelo que lhe acontece, mas pelo acolhimento daquilo que lhe acontece.

O que lhe acontece só pode lhe trazer felicidade ou infelicidade passageiros, você não terá nenhum controle sobre isso. Mas a felicidade permanente só é possível quando você acolhe tudo o que lhe acontece.

Aprendemos que ter responsabilidade é o mesmo que assumir a culpa por algo. É cumprir obrigações. Mas responsabilidade é apenas um compromisso com o amor e com a verdade. Quando suas ações emergem da presença, você está sendo verdadeiro. Então, você é responsável.

Quando você culpa o outro, está olhando esse outro pela lente do ego. Prefere que ele seja o culpado, para que você não corra risco de ter que encarar as ilusões que sua mente criou para si mesmo. O outro é um espelho que faz com que essas ilusões fiquem evidentes. Então, é claro, você está tão habituado a crer nas ilusões produzidas pela mente, que tem medo de que a verdade seja revelada.

A vítima é um dos personagens que você criou nesta existência. Você encontrou artifícios para conseguir as coisas que quer e para se esquivar da responsabilidade sobre aquilo que não quer admitir. Então, cria um jogo de acusações para que não tenha de lidar com algumas das crenças que por tanto tempo sustentou como verdades.

Esse processo é muito sutil. Na maioria das vezes, a vítima acredita tanto nesses jogos sendo reais, que nem se dá conta deles. Para não se sentir acusado, você acusa o outro, passando-se por coitado. A mente acredita estar protegida quando o personagem diz: "você fez isso comigo, foi injusto, o mundo é mau". Se você é um injustiçado, acredita não precisar se responsabilizar por nada.

Foi-lhe dito que a verdade dói. Então, você culpa o outro. Cria ressentimentos para se afastar do perigoso espelho da verdade. Você tem medo. E esse medo é completamente sem fundamento. A ilusão gera atos irresponsáveis. Apenas a verdade o liberta. E lhe digo, ela nem mesmo dói. A verdade o liberta da identificação com a dor. Quando você está consciente da verdade, não precisa culpar ou acusar o outro. Você apenas vive a verdade.

Consciente desses jogos da mente, a vítima então pode desaparecer.

Como ir além dos jogos de poder e das relações abusivas?

A questão do abuso é um reflexo de questões que a nossa humanidade vem vivenciando no que diz respeito não só à sexualidade, mas também a como construímos e vivenciamos nossas relações. Por esse motivo, vou falar de abuso desde uma perspectiva mais ampla. Vivemos relações abusivas, mesmo sem consciência disso. Portanto é importante entender como as relações se configuram.

Quando somos bebês, vivemos as sensações no corpo de uma forma pura. Se há um desconforto físico, por exemplo, o bebê chora. Mas esse é o mecanismo que seu corpo utiliza para sobreviver. Imediatamente alguém chega para ajudá-lo.

Depois, quando crescemos, começamos a perceber que a resposta que recebemos do mundo externo está totalmente relacionada à forma com a qual expressamos nossas sensações. Aos poucos, vamos aprendendo a criar estratégias, mesmo que inconscientemente, para conseguir a resposta que queremos do mundo.

Desde muito pequenos, aprendemos que temos de seguir determinados padrões para fazermos parte do convívio social. Aos 2 anos, se seu filho bate em outra criança por ela ter-lhe tomado o brinquedo, você diz: "peça desculpas". Se ele não faz isso, pode ser castigado. Muitas vezes recebe ameaças. Então, fica com medo de perder o amor da mãe, ou do pai, ou de quem está cuidando dele.

Claro, por isso seu filho vai pedir desculpas. Esse é o começo do jogo de trocas nas relações.

Você faz o que eu quero e eu o aceito, o reconheço, o amo. Mas as palavras dessa criança serão apenas uma repetição mecânica das palavras da mãe, não virão integradas a um senso verdadeiro de responsabilidade, pois a criança não sente nenhuma culpa por ter demonstrado sua irritação. Mas ainda assim ela faz o que o adulto pede. Porém, se ela não age a partir da consciência, estará apenas reproduzindo um ato.

Mas como ela pode aprender a se relacionar e conviver socialmente de forma adequada?

A criança aprende por repetição. Se você como mãe pede desculpas para o amigo que levou um tapa de seu filho, tomando a responsabilidade por ele, no momento certo ele vai aprender que aquilo que fez traz consequências, por exemplo, machucar o amigo. E daí pedirá desculpas pela consciência de seu ato e não por uma obrigação.

Todo ato obrigatório cria relações falsas. Se a criança aprende a dar "bom dia" e "até logo" por obrigação, sua expressão não virá de seu coração. Assim, aprendemos a nos relacionar: por meio da falsidade e dos jogos de poder.

Você sabe que se usar certo mecanismo, a pessoa faz o que você quer. Sabe que se agir de determinado jeito, alguém vai gostar de você. Então, começa a exercer um poder inconsciente sobre o outro. Passa a criar relações condicionadas e limitadas, e cria obrigações para você e para o outro.

E esse é o único modo que você conhece de se relacionar. Você tem que agir de uma forma condicionada para ser aceito, amado e visto. O outro tem que agir de maneira condicionada para que você o aceite, o ame, o veja. E toda vez que você TEM QUE fazer algo, assume uma obrigação. E toda a obrigação o afasta da verdade de seu coração.

Não há obrigação no amor. Se me relaciono de uma forma verdadeira com alguém, a cada dia tenho a escolha de estar perto dele ou não. Não nos relacionamos por convenção. Não nos relacionamos por obrigação.

Mas de onde vem essa forma obrigatória de nos relacionarmos? Vem do medo. Medo de não sermos amados e aceitos. Medo de sermos abandonados pelas pessoas que amamos.

Por ter acreditado em tudo que lhe disseram sobre como deveria ser, você nunca experimentou como se relacionar desde a verdade. Além disso, em algum momento teve medo de se sentir abandonado e de se deparar com um grande vazio.

Mas de onde vem esse vazio? Em algum momento você acreditou ser alguém separado do todo. Aceitou que era um ser escasso, incompleto. Mas como sua natureza pode ser incompleta? Não faria nenhum sentido sua natureza ser incompleta.

Se você olha para um bebê ele é pura plenitude, pura expressão do divino. Até os 3 anos de idade, a criança se refere a ela mesma na terceira pessoa. Ela ainda não se identificou com o EU. Ainda se vê uma com a mãe, com o pai e com tudo o que existe em torno dela. Aos poucos, vai aprendendo que é um indivíduo e, justamente a partir daí, começa a acreditar que é um ser separado e incompleto. Daí em diante, ela passa a buscar no mundo externo a sensação de completude. E busca isso em suas relações, acreditando que precisa desses jogos de poder e dessa falsidade para conseguir afeto e atenção. Assim, começa uma grande disputa.

Toda vez que existem jogos de poder, existem disputas. Alguém quer ser o mais poderoso.

Ter poder é sinal de domínio, de força, de valor. E nosso valor é atribuído ao poder que exercemos. Dos jogos de poder nasce a competição. Quem é mais inteligente, quem tira a nota mais alta da escola, quem consegue a vaga mais disputada, quem é o mais bonito, quem tem mais dinheiro, quem tem mais fama.

Então, você aprende que nessa disputa tem de ser o vencedor, e começa a praticar o uso do poder sobre o outro. E esse poder é exercido sempre que temos o interesse em ganhar alguma coisa. Muitas vezes, se fazer de vítima é uma forma de ganhar algo, ser vítima também é um modo de exercer poder.

Se eu me faço de vítima, ganho afeto e atenção. E você acredita que isso é amor. Contudo isso é, na verdade, uma relação condicionada, porque preciso dar alguma coisa para ter algo em troca. Isso não é amor. É um grande jogo que sua mente criou para se esquivar desse vazio que você acredita ter aí dentro.

O amor em si é pura plenitude. Não existe barganha no amor. O amor é incondicional, não uma troca. Assim como exercemos nosso poder sobre o outro, por vezes damos nosso poder ao outro em troca de uma falsa segurança. Damos poder a todos e a tudo que denominamos autoridade, como professores, médicos, gurus, padres, técnicas, para guiarem nossas vidas. Desse modo se inicia um jogo de dominação. Ora você domina, ora se sente dominado.

Todo jogo de poder e de disputa gera relações abusivas. E todo abusador precisa de um abusado para existir, e vice-versa. Se olharmos em volta, veremos que a maioria das pessoas está vivendo relações abusivas em maior ou menor grau. E acreditamos que isso seja amor, chamamos até mesmo de troca energética, mas o que de fato está se manifestando ali é uma manipulação mental inconsciente.

Você precisa começar a se dar conta desses pequenos abusos. E se dar conta do quanto você gostou de ser a vítima. Enquanto estivermos nos relacionando a partir de nossa mente, estaremos oscilando entre a vítima e o abusador.

Existem várias categorias de abuso. Por exemplo, o abuso verbal, que vem de uma competição de ideias. Você quer estar certo e acha que precisa convencer o outro de sua verdade. Mas ninguém pode ser convencido da verdade, porque ela não é um conceito. Não existem teorias sobre a verdade.

Como posso convencê-lo de que a lua está no céu? Basta que você olhe para o céu e a verá. Enquanto houver necessidade de convencimento de uma ideia por meio de argumentos e conceitos, haverá ego.

Existem também os abusos físicos. A violência, por exemplo. Muitos de nós tivemos a experiência de ter apanhado e de ter passado por situações traumáticas em um assalto, uma briga ou mesmo experiências de assédio e abusos sexuais. Assim como também podemos ter-nos visto sendo violentos em algum momento de descontrole.

Mas por que nos permitimos viver esses tipos de relação? Para muitos, isso é confundido com amor. Algumas pessoas se sentem até mesmo seguras quando percebem que alguém exerce um poder sobre elas. Mas como se dar conta desse jogo, na maioria das vezes inconsciente? O primeiro passo é entender que assumimos os personagens da vítima e do abusador, em diferentes situações e em maior ou menor grau.

Depois, precisamos entender que essa situação é apenas um mecanismo da mente e que acolhendo isso podemos ir além dela. Mas o que é ir além dela? É entendermos que a mente se configura por uma construção de pensamentos e ideias que temos sobre a vida, mas que são apenas ideias. Se você percebe isso, estará dando seu primeiro passo no processo de desidentificação com a mente.

Você, como ser divino, não se limita às ideias da mente. Até porque, mesmo que essas ideias possam criar situações concretas, como relações abusivas, elas não conseguem sustentar essas situações quando você as reconhece como ideias.

Ideias são aprendidas. E tudo que é aprendido não tem o poder real de defini-lo como ser. Sua real natureza não é ser vítima nem abusador. Seu ser real é a consciência onde essas ideias, às quais você esteve por tanto tempo identificado, brotam e que, por muito tempo, você acreditou ter sido sua identidade de fato.

A substância que compõe sua real natureza é o amor. Como o amor pode abusar ou se permitir ser abusado? Você tem sustentado a vítima e o abusador por muitos e muitos anos. Mas precisa ir além desse condicionamento para deixar florescer de si o amor.

Quem é esse que ainda está vivendo relações abusivas, que está dando poder ao outro e que coloca o outro na obrigação de preenchê-lo com o que acredita estar lhe faltando? Ao reconhecer sua real essência, você não precisará mais que o outro lhe preencha.

O poder real está em ser quem você é. Reconheça isso e sairá naturalmente dos jogos de poder.

Sinto que dei meu poder a muitas pessoas. Como ter de volta meu poder pessoal?

Primeiro tenha clareza do que é poder, desfazendo-se de todas as ideias que você tem sobre isso. Você tem acreditado que pode adquirir ou perder poder. A questão aqui é que quando falamos de poder pessoal, estamos falando de algo construído, aprendido, inventado.

Qualquer poder pessoal vem do Ego. Durante um período, pode ser que você precise daquilo que chama de poder pessoal por uma questão de sobrevivência, mas isso é apenas uma etapa, pois à medida que o despertar para sua real natureza acontece, você se dá conta de que o verdadeiro poder é impessoal. Esse poder, que gera todo o universo além da sua vontade, passa a geri-lo sem a interferência da sua mente egoica. Não há uma pessoa atuando. O poder real é a consciência atuando por meio de você. Isso o torna verdadeiramente autêntico.

O que as pessoas chamam de poder pessoal, eu chamo de autenticidade. Autenticidade não é ser diferente, mas é deixar de ser qualquer coisa que tenha acreditado ser para se tornar quem você já é.

Ser autêntico é deixar de seguir as vozes do ego, deixar de copiar modelos preconcebidos para ser aceito. Ser autêntico é ser inteiro, ser total, em vez de tentar alcançar os quesitos do que você imagina precisar para ser uma pessoa perfeita.

O poder pessoal que você tem buscado não é o poder real. O poder real não pode ser dado nem tirado de você. O poder real nem mesmo é seu. O poder real não é pessoal. Não existe poder pessoal. O único poder real é o do amor.

Como me desidentificar do papel de vilão? E como me perdoar por ter me identificado com esse personagem?

Não se preocupe em se desidentificar do papel de vilão. Quem é esse que percebe que existe uma identificação com o papel de vilão? Quem está percebendo isso? Observe que há uma percepção dessa identificação com o papel do vilão. Comece por aí. Foque essa percepção e não o papel do vilão em si.

Seja a consciência do papel e da culpa que isso lhe causou. Perceba a mente que quer julgar a partir de conceitos morais. Observe todas as sensações e sentimentos que isso traz. Quando você está consciente dos mecanismos que sua mente cria por algum motivo, seja ele qual for, e foca a consciência disso, você deixa imediatamente de ser o vilão. Então, está pronto para o perdão.

Perdoar não significa ter de achar um culpado e dizer que ele é o pecador. Como disse Jesus Cristo: "que atire a primeira pedra aquele que nunca errou". A real energia do perdão não condena ninguém. Perdoar é se dar conta de que uma ação inconsciente pode se tornar consciente. Já não há mais a mente que julga. Você não está mais preso à ideia de que é essa mente que julga e de que por isso precisa ser castigado.

No momento exato em que você se torna consciente de quem em é, está livre de toda e qualquer culpa.

Quando a pessoa abre seu campo para ser abusada, ela escolhe inconscientemente isso?

Quando você acredita que precisa abrir ou fechar seu campo, está acreditando também ser apenas esse corpo limitado, que pode ser invadido, que pode ser abusado, que pode ser atacado. Você, pura luz da consciência, não tem como ser atacado. É porque você ainda acredita ser esse alguém limitado que opera com sua mente e seu corpo, criando situações como essa em sua vida.

Mas essas situações estão aparecendo para lhe mostrar que essa ideia de que você é a vítima e deque precisa passar pelo abuso é apenas uma ideia. Ao se tornar consciente disso, a vítima do abuso desaparece. Assim como o abuso em si.

SERMÃO DA MONTANHA

"Por isso vos digo: Não andeis preocupados quanto à vossa vida, pelo que haveis de comer ou pelo que haveis de beber; nem quanto ao vosso corpo, pelo que haveis de vestir. Não é a vossa vida mais do que o mantimento e o vosso corpo mais do que o vestuário?

Olhai para as aves do céu, que nem semeiam, nem segam, nem ajuntam em celeiros; e vosso Pai celestial as alimenta. Não tendes vós tanto valor quanto elas?

E qual de vós podereis, com todos os seus cuidados, acrescentar um côvado [medida de comprimento] à sua estatura?

E, quanto ao vestuário, por que andais solícitos? Olhai para os lírios do campo, como eles crescem; não trabalham nem fiam.

E eu vos digo que nem mesmo Salomão, em toda a sua glória, se vestiu como qualquer deles.

Pois se Deus assim veste a erva do campo, que hoje existe e amanhã é lançada no forno, não vos vestirá muito mais a vós, homens de pouca fé?

Não andeis, pois, inquietos, dizendo: "O que comeremos, ou o que beberemos, ou com que nos vestiremos?"

Porque todas estas coisas os gentios [ignorantes da verdade] procuram. Decerto vosso Pai celestial bem sabe que necessitais de todas estas coisas.

Mas, buscai primeiro o reino de Deus [o Eu Real] e a sua justiça, e todas estas coisas vos serão acrescentadas.

Não vos inquieteis, pois, pelo dia de amanhã, porque o dia de amanhã cuidará de si mesmo. Basta a cada dia a sua lida."

Jesus Cristo

Propósito e Abundância

Não estou conseguindo me realizar em meu trabalho, por isso, me sinto sem motivação. Ao mesmo tempo, ele me dá o dinheiro de que preciso para pagar minhas contas.

Você presume que tem de se submeter a determinados empregos para ter o dinheiro de que precisa para pagar as contas e sobreviver neste mundo com a qualidade mínima que acredita merecer. Além disso, em alguns casos, entende que deve satisfazer a ânsia de sua família, que espera de você um bom emprego e posicionamento social. Todas essas expectativas que o mundo tem sobre você aparecem na sua mente como vozes distintas e conflituosas, que insistem em convencê-lo (desde crenças, é claro) do que é melhor para você.

Todas essas vozes querem respostas, querem saídas, mas todas pertencem ao ego que, por sua vez, se estrutura de uma ideia que lhe venderam sobre escassez. Neste momento, o silêncio pode ser seu grande aliado. Ele traz naturalmente aquilo de que você precisa. Deixe que a clareza venha de forma espontânea e sem esforço. O silêncio não é necessariamente a ausência de palavras, nem mesmo ausência de movimento ou de ação. O silêncio é a percepção de uma fenda em meio a todas as vozes da mente, para reconhecer quem você é.

Se você se guia pelas inúmeras vozes, acaba gerando ações automatizadas e condicionadas pela mente. Quando você silencia, abre espaço para que emerja a clareza e dela a ação perfeita para o momento. Sair do trabalho ou continuar nele, em uma perspectiva elevada, não afeta o *Ser Consciência*. Mas quando você se concentra nele, naturalmente é impelido a agir desde seu coração, realizando aquilo que faz sentido para sua alma, que é uma expressão individual do *Ser Consciência* em si.

De qualquer forma, isso emerge do silêncio e não de uma resposta mental ou de um medo, mas é uma ação que vem da consciência.

Como ter certeza de que o que você quer vem da alma e não do ego?

O desejo que vem do ego tem em si um objetivo e, em geral, você acredita que chegar a esse objetivo vai lhe trazer alguma coisa de que precisa para ser feliz: reconhecimento, dinheiro, afeto, etc. Em suma, você está buscando o amor, mas como se esqueceu de que sua natureza já é puro amor, acredita que por meio de suas conquistas, superações e vitórias irá senti-lo de novo por intermédio do afeto e dos objetos que, provavelmente, irá adquirir por ter alcançado sua meta.

Mas esse amor que você está buscando não é amor incondicional, mas um sentimento condicionado a algo para suprir uma falta e fortalecer em você a crença de escassez.

Qualquer sentimento condicionado por uma ideia vem do ego.

Perceba que amor incondicional está aí agora e que, na verdade, você não precisa de absolutamente nada para vivê-lo. Sua felicidade não está atribuída a nada, a não ser à consciência de que você é um ser divino e único nesta existência.

O que vem da alma se expressa simplesmente porque é inevitável que assim o faça. E toda prática que dá forma a essa expressão acontece espontaneamente.

Quando em seus desejos e ações há dúvidas, esforço, expectativa e medo, pare. Provavelmente, o ego está criando objetivos que o fortaleçam. Pergunte-se: se nada do que espero acontecer, vou entrar em sofrimento? Se a resposta for positiva, você está condicionando sua felicidade a uma situação externa. Isso só poderá, mais cedo ou mais tarde, acabar em frustração.

Deixe que suas ações e desejos brotem do silêncio e da consciência e, então, você se tornará livre das armadilhas do ego.

Tenho me esforçado para ter uma vida mais leve, esforço-me para não me aprofundar no sofrimento, mas como agir quando falta o elementar para as questões práticas da vida?

A leveza só pode acontecer quando você parar de se esforçar para fazer qualquer coisa. Enquanto você estiver se esforçando, a vida não vai ser leve. É incompatível esforço com leveza. "Eu me esforço para não aprofundar no sofrimento, mas como agir quando falta o fundamental para as questões práticas da vida?" A primeira questão aqui é que existe um medo: o medo de sofrer.

O que é fundamental para as questões práticas da vida? Só o amor pode ser fundamental para qualquer questão da vida, prática ou não. O amor é a resposta para tudo. Só ele é fundamental, nada mais. Todo o resto vem dele, mesmo que você acredite que o dinheiro seja essencial para que pague as próprias contas. Isso é mais uma das armadilhas que sua mente criou. Se você não consegue pagar as contas, é porque tem tanto medo de não pagá-las que fica preso na sua crença de escassez.

A leveza da vida vem a partir de como você a vê. Você pode escolher se identificar com aquilo que lhe falta e que chama de fundamental, e atribuir a isso o motivo do seu sofrimento. Ou pode escolher olhar tudo o que a vida estiver trazendo como um grande presente que aponta para sua Verdade. Só existem essas duas opções. Você faz uma escolha. Se fizer a opção pela primeira possibilidade, estará vivendo com esforço. Se optar pela segunda, viverá com leveza.

Ou você segue sua mente ou confia em seu coração. Seguir a mente é estagnar na escassez, seguir o coração e confiar em sua natureza significam abundância. Confiar não é ficar parado, mesmo que você opte por isso. Confiar é estar presente e perceptivo às guianças da inteligência divina que se encontra no coração. E só a partir daí, agir.

Existe uma inteligência que cuida de tudo. Não exatamente da forma que você imagina e quer. Mas cuida. Quando você olha a vida com amor e verdade, a força divina começa a naturalmente se expressar e atuar através de você. Por isso não é necessário se preocupar com aquilo que chama de fundamental para as questões práticas da vida. Às vezes, pode ser necessário não fazer nada, mesmo naquele momento em que todos o cobram e esperam algo de você. Não aja apenas porque as pessoas querem. Não aja porque as pessoas o cobram. Não aja somente para pagar a conta. Isso é prisão.

Se você está presente, se torna abundante; a inteligência divina cuida de você.

Não coloque peso nas circunstâncias da vida, como se elas fossem as responsáveis pela sua infelicidade e sofrimento. Relaxe, vá brincar com uma criança. Faça uma coisa boa para você. E quando "o circo estiver pegando fogo", permita-se algumas vezes se afastar parcialmente e observar qual é a sensação que lhe dá se você deixar um pouco que aquela situação se resolva por si só. Porque tudo pode se resolver por si só se você permite, mesmo que não seja da forma como imagina, havendo ou não uma ação para isso.

Se uma ação vier, ela surge de forma leve e espontânea a partir da guiança do amor, não do medo.

Mude seu foco. Viva a vida com amor, veja-se como amor, seja amor.

Faça uma experiência. Dê-se um dia. E viva esse dia como se não existisse nenhum problema, como se todos os problemas fossem inventados. Na verdade, eles são. Finja que não existe problema para você, que está tudo bem e que as contas vão ser pagas. Tire um dia para estar presente em cada coisa que você faz com amor, com plena aceitação. Aceite tudo o que a vida lhe trouxer com imensa alegria e gratidão. Aceite até a não aceitação, se necessário for. Essa é uma boa meditação. Seja lá o que a vida estiver lhe trazendo, olhe como se fosse uma grande brincadeira acontecendo. Olhe sem julgamento, sem reagir. Olhe tudo como se você fosse um *voyeur*, uma pessoa que olha de fora, como se estivesse assistindo a um grande filme ou jogando um grande jogo.

Lembre-se, isso é mais uma atitude interna do que externa. Não quer dizer que se alguém lhe oferecer uma droga você irá usar. A real entrega traz consigo sabedoria e discernimento. Então, você também poderá dizer "não" de uma forma leve e consciente para aquilo que não estiver em ressonância com a verdade. Mas você sabe que os problemas são projeções da mente. Sabe que, no fundo, não existem problemas. O medo não é real no amor. Faça essa brincadeira por um dia e veja como se sente, e olhe o que acontece no final desse dia. Observe se seus problemas ainda continuarão como problemas. Até que perceba que nem mesmo confiar será necessário, porque agora você sabe. Você é pura abundância e amor! E ainda mais profundamente: Você É!

Podemos mudar uma situação com a Física Quântica?

Como somos um com tudo o que é, é da nossa natureza sermos capazes de perceber toda forma de manifestação energética. A Física Quântica vem comprovar a relatividade do mundo dos fenômenos. As situações estão sempre mudando, com Física Quântica ou não.

Gostamos de acreditar que a mente tem o poder de criar realidades e manipular a vida.

A mente só tem o poder de criar realidades relativas. Mas buscamos embasamento científico que nos prove o quão poderosa a mente é. Porém, com um estudo profundo da mecânica quântica só vamos conseguir comprovar que nada é, de fato, comprovável. Aí, nasce a Teoria da Relatividade.

O poder real está na consciência dos fenômenos e não nos fenômenos em si. A consciência em si é a expressão do absoluto. Se você se encanta com o sobrenatural, ainda está vivendo a partir da mente. O sobrenatural é o excesso. O natural é o simples e o simples é o verdadeiro. No mundo do relativo, se você está com fome, você come. Se está com sono, você dorme. E isso é o natural do corpo e da mente.

Mas a mente não quer só a compreensão lógica do que acontece no plano físico. Ela também quer comprovações científicas de fenômenos metafísicos. Movido pelo desejo de poder, você quer fazer algo que seja sobrenatural. Mudar o mundo, o outro. E quer ainda comprovação científica de que tudo isso seja possível.

No absoluto, não importa se você come ou se muda situações com a força das intenções ou do pensamento.

Seu poder está apenas em não se identificar com o que é transitório e se voltar para o absoluto. Independentemente do seu desejo de mudar o mundo do transitório, seu poder está em se perceber como o absoluto de onde surge e desaparece aquilo que é apenas uma aparência, portanto transitório e relativo. O desejo de qualquer mudança não vem de um poder real, mas de um querer do ego.

Sinto uma necessidade de mudança em minha vida. Não quero mais levar a vida que levo, nem fazer o que faço.

Estamos sempre querendo mudar alguma coisa em nossas vidas. Você quer mudar de casa, mudar de emprego, quer emagrecer, mudar de cabelo, mudar de namorado, mudar coisas no seu corpo, na sua mente, na forma de pensar, de agir. Ou seja, você está constantemente querendo mudar algo na esperança de chegar a um lugar perfeito, onde não haja mais nenhum tipo de problema, nenhum sofrimento. Você está sempre em busca do momento em que não haverá mais tristeza, chateação, ressentimentos. Você está sempre nessa busca constante desse lugar de alegria e felicidade.

A ansiedade por alcançar esse local muitas vezes vira uma grande distração e lhe tira do único lugar e tempo de onde, de fato, poderá viver a bem-aventurança. É como se você estivesse na sua casa procurando o endereço de sua própria casa.

Você está sempre em busca de algo novo, para que suas esperanças se renovem, algo que supostamente lhe trará sua felicidade, mas nada disso irá lhe satisfazer totalmente, e se o fizer, será apenas de forma temporária.

Há a história de um homem que sempre esteve em busca de Deus. Ele peregrinou por diversos vilarejos batendo de porta em porta, perguntando por Deus. E sempre lhe respondiam: "Não. Deus não mora aqui". Mas ele não desistiu. Subiu montanhas, cruzou mares, percorreu países e passou todos os anos de sua vida buscando por Deus. Ele nem mesmo parava para descansar. Estava concentrado em seu propósito de encontrá-lo.

Depois de muitos anos, quando já estava bem velhinho e cansado, decidiu pela primeira vez se sentar e descansar um pouco de sua busca. Foi aí que percebeu que atrás dele tinha uma porta com uma placa onde estava escrito: "Deus". Assustado, ele então se aproximou da porta e, quando ia bater, parou. Ficou por alguns momentos imóvel, pegou sua trouxa de roupas e foi embora sem bater na porta. Desistiu. Se encontrasse Deus, a vida não teria mais sentido. Sua jornada teria terminado. Então, ele seguiu por mais alguns anos em sua busca, batendo de porta em porta, procurando por Deus.

Você busca longe, enquanto Deus está aqui. Basta parar de procurar e encontrará. Buscamos felicidade a todo instante, incansavelmente. Trocamos um emprego por outro, um namorado por outro, uma circunstância por outra, um padrão por outro na esperança de que desta vez tudo dê certo. Mas isso que você acredita ser o certo não existe. Todas as crenças e ideias que você tem sobre felicidade permanecem intactas, o que provavelmente o conduzirá a padrões muito semelhantes àqueles que viveu em velhas situações.

A verdadeira mudança acontece a partir da consciência de que um ciclo se completou, da sensação de completude, ao saber que algo que está sendo vivido simplesmente não faz mais sentido para você. A verdadeira mudança, não vem de um medo ou de uma insatisfação. Se você está mudando algo em sua vida por medo ou insatisfação, esses serão os sentimentos de base de toda a realidade vivida por você. Essas bases não têm força de sustentação e, mais cedo ou mais tarde, o sentimento de insatisfação mais uma vez voltará.

Quando você age a partir da consciência, sua ação vem da verdade. Não existe mais medo. Há apenas a certeza do que é inevitável naquele instante. Então, a mudança pode ocorrer sem pesar, sem arrependimentos, sem dúvidas, mas desde a clareza de que aquela era a única possibilidade naquele exato momento.

Isso acontece quando você entende que não há mais nada que aquela circunstância possa lhe ensinar. O que ocorre a partir daí é uma mudança espontânea, verdadeira, que vem da profunda união de sua alma com a verdade. Nem mesmo chamo isso de mudança, o que acontece é uma compreensão de que aquilo não está mais ali para você. Não existe dor, não existe processo de desapego, adaptação, nada disso. É um processo de maturidade, de florescimento. Você começa a vislumbrar novas possibilidades de uma forma natural, sem sofrimento.

O sofrimento acontece quando ainda não houve uma compreensão profunda da natureza do seu Ser. Porque você ainda está buscando a felicidade idealizada. A felicidade idealizada não vem do Ser, não existe felicidade idealizada para o Ser. O Ser simplesmente é.

Quando você percebe isso, não precisa criar expectativas e idealizações, não necessita ir em busca de uma felicidade que está fora de si. A felicidade está aqui e agora, e tudo se expressa por meio dela. Ao nos darmos conta disso, aquilo que chamamos de mudança naturalmente acontece, de forma fluida, sem sofrimento nem esforço.

Então, qual a solução para meus problemas? Como resolver aquilo que parece não ter solução?

Muitas vezes, querer resolver rápido alguma coisa é somente um desejo de querer fugir das emoções que uma situação de desafio pode ter acionado em você. Nesse caso, qualquer ação de resolução pode ser apenas uma rota de fuga que lhe gera um alívio imediato. Você pode até fazer algo e acreditar que resolveu a situação, porém, cedo ou tarde, a questão reaparece com outra forma e, de novo, você se vê em uma circunstância desafiadora com a qual não consegue lidar.

Nesse caso, qualquer tentativa de solução virá do ego. E toda solução que vem do ego é uma solução temporária. Se ainda existem dúvidas sobre a melhor saída para uma situação, isso significa que de alguma forma ela ainda está tendo uma utilidade. Ser útil não significa que a situação está lhe trazendo algo positivo, que é o que o ego sempre espera. Ser útil pode significar apenas que a situação está ainda sendo um portal que lhe aponta para a verdade que existe por trás de suas crenças.

Reconhecer que não há solução é um passo que o leva para além de suas ideias, assim como o tira do controle e da ansiedade em resolver algo imediatamente. Assumir que não há solução pode ser libertador. Mais libertador ainda é extinguir a ideia de que é você, com sua mente condicionada, quem tem a responsabilidade de encontrar a saída para a situação. Suas soluções serão limitadas. O ego é limitado e lhe dará respostas prontas. Ele é formado pelos conteúdos da mente que só conseguem reproduzir os velhos padrões. Apenas quando você estiver presente a compreensão do que for preciso vai emergir de uma inteligência muito maior do que a da mente.

Contudo, ela pode não vir exatamente como uma resposta, nem mesmo como uma solução, mas independentemente de como ela se apresentar, poderá provocar um dissolver natural daquilo que você sempre acreditou ser um problema.

Para quem aparecem os problemas? Para a sua mente. E quem quer resolvê-los? Ainda a mente.

Imagine que sua mente seja como um cego em apuros perdido em uma floresta. Imagine que ele encontra outro cego, também perdido na floresta, e exige dele uma saída. Imagine ainda que o cego que recebeu tal exigência agora se sinta na responsabilidade de encontrar a saída.

Um aspecto de sua mente encontrou um problema. E outro aspecto da sua mente quer achar uma solução. Mas ambos são mente, com a mesma limitação. Portanto, seguirão andando em círculos em busca de uma resposta. E toda ação que você toma a partir da mente só vai criar um novo problema. Então, toda vez que você soluciona um problema, acaba criando um novo.

Portanto, a pergunta que o leva para o centro da questão é: quem quer uma solução?

Se é a mente, não dê crédito a ela. Então, pergunte-se: existe, de fato, um problema?

No âmbito humano, talvez. Mas quem é você? Vai seguir definindo-se como o ego limitado que precisa usar toda a sua capacidade mental para solucionar problemas e desafios?

Inevitavelmente, a vida continuará lhe trazendo aquilo que chama de desafio, então o que mais fará? Não há solução. Assumir isso poderá lhe abrir a possibilidade de acesso a uma ação nunca antes imaginada. Antes não havia espaço. Sua mente estava tão preocupada em encontrar a chave que abriria a porta de saída que, talvez, não tenha percebido que a porta sempre esteve destrancada.

Primeiro você precisa permitir que o que está chamando de problema permaneça ali o tempo que necessitan, o tempo que, por algum motivo, se fizer indispensável. E quando aquilo não lhe servir mais, naturalmente o que for necessário acontecer para que o ciclo se feche, acontecerá, sem nenhum esforço, pesar, culpa ou medo de arrependimento.

Você não precisa mais repetir nenhuma história que tenha vivido se a integrou totalmente.

Se você não busca soluções com sua mente, permite esse processo. Assim um novo ciclo se abre, e você não precisa mais carregar consigo o pesar de uma história não concluída. E a mudança inevitável acontece.

Então, qual é a solução para seus problemas? Saber que não há solução. Saber que não existe nem mesmo um problema. A vida é sábia, e tudo que lhe é dado é para que você olhe para dentro e se dê conta da consciência divina que está sempre presente, atuando. Seja qual for a situação que você julgue como um problema, em vez de querer solucioná-la de forma imediata, permaneça com ela até que se torne desnecessária.

Quando você para de brigar e de resistir às coisas da vida, simplesmente permite que cada desafio que surja dure o tempo necessário e desapareça. Apenas reconheça a mente que quer resolver, se livrar, fazer isso, fazer aquilo, tomar essa decisão, tomar outra. Muita energia se perde e um cansaço físico e mental podem ocorrer.

Por trás de todas essas vozes do ego que querem resolver existe o vazio sagrado, que para alguns pode ser aterrorizante, mas em realidade é a chave do portal para a verdade.

Quando você assume internamente que não existe solução, permite que sua mente descanse tirando o "peso da solução das suas costas" e você pode, então, entrar em um profundo relaxamento. Isso não significa não se responsabilizar ou fingir que não está vendo o que a vida tem lhe apresentado. Você ainda se mantém presente, consciente da situação que se apresenta. Você percebe tudo que está aparecendo. Percebe ideias chegando, desejos de tomar atitudes chegando, sentimentos e emoções chegando.

Enquanto você cria espaço para essa percepção, o processo segue acontecendo dentro de você. Quando menos se espera, tudo naturalmente se harmoniza. As ações brotam do silêncio e não do desejo de solucionar algo. Então, você deixa de ver a vida como um problema. Assim, pode perceber o ser divino que é por trás da mente. E para o Ser divino não existem problemas.

Se você se permite ir além das vozes da mente, saberá que a vida pulsa através de você. Que a sabedoria divina se expressa desse espaço sagrado que agora você reconhece como si mesmo. Infinito. Tudo o que chamou um dia de problema torna-se, então, ínfimo e sem importância.

Até quando vamos ficar eternizando esse ciclo vicioso da mente e alimentando o ego?

Precisamos dar um salto para fora desse ciclo vicioso ou ficaremos nos altos e baixos, alegria e tristeza, felicidade e infelicidade, conquista e fracasso. Até quando?

O momento de dar o salto é agora.

Quando você quer solucionar um problema, na verdade, o que está buscando é paz. Mas não é solucionando um problema que vai encontrá-la. Você pode até sentir um alívio momentâneo, porém, saiba, a paz permanente só pode ser encontrada quando você se percebe como pura consciência.

Por que estamos aqui nesta terra?

Passamos a existência em busca de nosso propósito nesta vida. Seguimos sonhos, criamos metas. Carregamos muitas ideias sobre como a vida deveria ser. Mas essas ideias são limitadas porque estão sobre a guiança da mente.

Você está aqui para simplesmente Ser e, assim, permitir que a existência seja em si e consigo. E Ser não carrega nenhuma das ideias que você tem sobre si mesmo. Ser é justamente se desfazer de todas elas. Portanto, não é preciso motivação. O propósito da vida é estar vivo.

Se você observar uma formiga, ela não fica pensando: "Por que estou aqui na terra? Será que eu deveria ser outra coisa, não uma formiga? Será que estou fazendo a coisa certa? Qual é a motivação de eu estar aqui?" Não, ela está apenas pegando a folhinha e levando lá para dentro da casa. Simplesmente sendo. Nem mais, nem menos do que lhe foi designado. Ela nem sabe que é uma formiga, ninguém disse para ela. Ela também não fica sofrendo, "Ah, meu Deus, eu deveria encontrar uma motivação para carregar aquelas folhinhas tão pesadas".

A mente cria excessos para uma existência tão simples. Mas o que lhe foi designado será para você inevitável. Nem mais, nem menos. Suas ideias vão querer interferir no seu desabrochar. E isso acontece só porque um dia lhe disseram quem você era: "Um pouco magra, um pouco séria, tem talento para isso, mas não para aquilo. É incapaz ou brilhante". Você acreditou nessas ideias. E agora acredita ter de fazer jus a todas elas para que seja de fato alguém nesta vida.

Mas são apenas ideias. E todas as ideias que você tem sobre a vida e sobre você mesmo são insubstanciais. Um simples fato, ou uma simples palavra, pode mudar todas essas ideias. E você passa a sua vida substituindo uma ideia por outra, ansiando por umas e rejeitando outras. E quando descobre que pode substituir as ideias que julga ruins pelas que julga boas, acredita ter encontrado a fórmula mágica da vida.

Contudo, ainda são apenas ideias. Ou você acha que vai mesmo chegar o momento em que a formiga vai precisar dizer: "Eu sou forte, carrego a folha mais pesada de todas!" Tudo ego. Ego material, ego espiritual. Mas tudo ego.

Mas você diz: "Para a formiga não foi dada uma mente que pensa". E eu digo: então é por isso que ela tem uma inteligência brilhante. Ela relaxa na guiança da Inteligência divina que a ela designou um ofício. É própria inteligência divina em ação, aqui, na forma do que chamamos formiga.

Seja um ser sem mente. Seja como a formiga. Deixe que suas ações aflorem da natureza divina. Não interfira. Qualquer interferência vai ser um excesso. Nem mais, nem menos.

Lembre-se: não há nem mesmo formiga para a formiga. Só a pura vida se manifestando por meio dela. Então, relaxe e simplesmente seja. E toda a existência será com você. E cada instante será pleno.

Você é a consciência. Infinito amor vivido a cada inspiração. Reconheça, então, em si a paz real e a alegria incondicional. E, assim, o desabrochar inevitavelmente acontece.

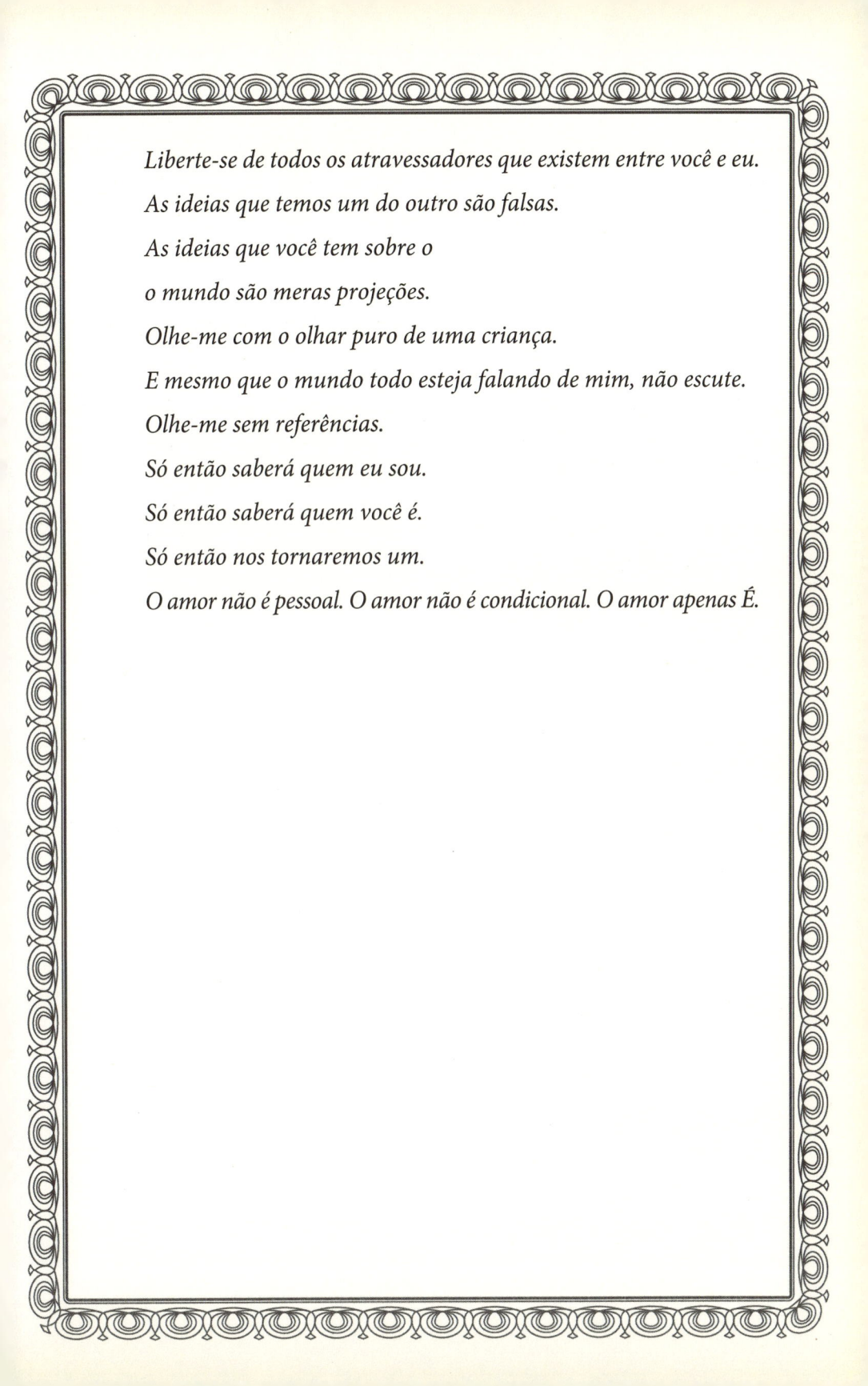

Liberte-se de todos os atravessadores que existem entre você e eu.

As ideias que temos um do outro são falsas.

As ideias que você tem sobre o

o mundo são meras projeções.

Olhe-me com o olhar puro de uma criança.

E mesmo que o mundo todo esteja falando de mim, não escute.

Olhe-me sem referências.

Só então saberá quem eu sou.

Só então saberá quem você é.

Só então nos tornaremos um.

O amor não é pessoal. O amor não é condicional. O amor apenas É.

Relacionamentos: Amor ou Ilusão?

De onde vem a carência?

A carência sempre vem de uma ideia de que você é um ser incompleto. Esquecemos que somos seres plenos e perfeitos. Mas você fica preso a tal ideia e começa a desejar que todas as pessoas e situações lhe tragam aquilo que acredita estar faltando a você. E passa, então, a criar expectativas e querer garantias de que a vida lhe dê tudo aquilo que você idealiza como perfeito. Só que a ideia que você tem sobre perfeição ainda é condicionada. Porque foi assim que aprendeu.

Ser perfeito, no âmbito sociocultural, é ter um posicionamento profissional de destaque, é ter namorado bonito, o corpo da revista e muito dinheiro. Nosso valor foi atribuído a essas ideias. E seguimos a vida em busca de um autovalor que nos foi vendido e de uma felicidade idealizada. Muitas vezes chegamos a ela, manifestando nossos desejos, e vivemos o grande delírio do êxtase. Mas, em geral, após muito esforço. Todas as ações que vêm dos desejos da mente geram esforço. Esse é um dos indicadores de que foi a mente, não seu coração, quem o guiou.

Nossa mente é criada por crenças duais e inconscientes. Por um lado, você acredita que precisa fazer o que seus pais sempre sonharam para ser amado por eles e para ter valor.

Por outro, você carrega crenças ancestrais que dizem o oposto. Crenças sustentadas por religiões e sistemas que alimentam a culpa como forma de se redimir. Você acredita então que dinheiro é sujo, que quem tem dinheiro é arrogante, que sexo é pecado, que você não merece ser feliz, que todo relacionamento é conflituoso.

Por mais que não reconheça essas crenças em você, elas podem estar no seu corpo e em sua mente de forma inconsciente. Ou seja, sua mente funciona a partir das crenças antagônicas que você carrega sobre a vida e sobre si mesmo. E você vive a partir dessa dualidade, desse conflito de crenças. Por isso faz um esforço enorme para realizar seus sonhos.

Algumas vezes você começa a reconhecer as crenças que chama de negativas, que são as que você acredita que o empurram para longe de seus sonhos e objetivos, e começa a lutar contra elas. Mas você não sabe que quando luta contra o que quer que seja, está criando uma força contrária, porque todo ataque pressupõe em si um contra-ataque. Então, a culpa e o medo de se realizar se tornam ainda maiores do que o desejo de realização. E você vai estar sempre fadado a essa guerra interna ao decidir agir por meio da guiança da mente.

Você quer atingir o que acredita ser o perfeito, para se sentir amado e valorizado pelo outro. Sua expectativa está sempre vinculada ao outro. E quando a felicidade que tanto espera vem, você começa a se dar conta de que com ela existem a culpa e o medo. Culpa porque em algum lugar você não se sente merecedor. Medo de que ela não dure, de que vá embora. E você está certo. Ela não vai mesmo durar.

Nada que vem dos esforços da mente pode durar. E esse é seu maior medo. Saber que seu dinheiro pode acabar, que seu marido pode ir embora e que o posicionamento profissional, com o qual você sempre sonhou, não era nada daquilo que esperava ou imaginava. Então, começa a querer garantias. Apega-se aos momentos de felicidade e acaba por querer eternizá-los, conservá-los, prendê-los, controlá-los. Daí você faz contratos, juramentos, pactos, votos, no desejo de eternizar "a felicidade". Ou, então, começa a criar novos quereres, agora mais sofisticados que os anteriores, porque a mente sempre quer mais. Mas é impossível eternizar aquilo que, por natureza, é passageiro.

Tudo que se constrói fora de você é impermanente e nunca vai satisfazer o desejo da felicidade que você tanto espera. Enquanto nossa felicidade estiver atribuída a algo ou a alguém, estaremos frustrados. Nada nem ninguém pode satisfazer seus desejos permanentemente. Nada nem ninguém pode lhe trazer felicidade, nem mesmo, infelicidade. Você coloca o outro na obrigação de lhe fazer feliz e o culpa por estar infeliz. Enquanto estiver esperando algo ou alguma coisa de alguém, estará olhando para fora. Dê-se conta de que a paz interior acontece quando você para de olhar para fora e percebe que tudo já está aí dentro.

Apenas quando para de criar condições para sentir alegria você percebe que já é pleno. Não celebre somente quando chegar a um objetivo. Celebre agora. Aja de forma incondicional e compartilhe com o universo a abundância interna que vem dessa plenitude. Essa é a sua natureza. Se você olhar uma criança, verá o quanto ela é completa, abundante, espontânea, expansiva. Compartilha alegria, ri, independentemente de você rir ou não com ela. E não tem um desejo por trás disso, ela não cria condições para ser espontânea.

Quando nos damos conta do ser pleno que somos, não esperamos nada de fora. Apenas a consciência de quem você é para além das aparências traz a plenitude e a paz que, por anos após anos, você buscou. Por trás de todos esses desejos inventados por uma mente insegura, que quer garantias de uma felicidade idealizada, por trás de todas essas ideias que lhe foram vendidas como caminho para a felicidade existe VOCÊ, pura presença e consciência. Pura plenitude e bem-aventurança.

Até quando você vai preferir acreditar nas ideias equivocadas que tem sobre si e se esquivar da verdade? Observe, então, seus quereres, ria deles. Eles são encantamentos do seu ego e, de fato, podem lhe trazer momentos de êxtase e prazer. Mas os observe com atenção e saiba: eles nunca poderão lhe trazer a completude, porque você já é completo.

Somente essa sabedoria lhe traz a paz que não pode ser perdida. Que não passa. Que não precisa de contratos nem de garantias. Que é sua natureza. Viva-a. Agora. E não depois. Não no futuro. Não "quem sabe". Pois saiba. A plenitude é real e só existe agora, para além de tudo que lhe contaram e de tudo que você acredita ser. Isso não impede que uma situação ou alguém lhe traga alegria, êxtase e prazer. Se isso chega a você, receba, viva com presença, desapego e amor! Mas se nada acontece exatamente como você espera, ainda assim você é um ser pleno. E esse deveria ser seu maior motivo de celebração.

A mente vai querer criar condições para sua vida, para suas ações, para suas relações. "Se faço aquilo que o outro quer, ele me valoriza, me aceita. Se obedeço à minha mãe, ganho um presente dela. Se passo de ano, ganho uma medalha de reconhecimento." A mente está sempre barganhando, condicionando, buscando recompensas para se sentir no poder.

No entanto, esse poder não é seu, é apenas o ego querendo tomar as rédeas de sua vida.

E assim construímos nossas relações. Egos que se relacionam com egos em uma eterna barganha por poder. Confundimos esse poder com autoestima, por isso nos tornamos viciados nele. Por isso agimos a partir dele. Nossas relações se transformaram em disputa, porque sempre há uma recompensa no final. A sensação do poder: a medalha de ouro.

Mudamos nosso centro do coração para a mente. Do amor para o ego.

Tudo isso nos foi ensinado desde pequenos. Nossos pais inconscientemente nos diziam: "Seja bonzinho e ganhe um brinquedo. Faça o que quero e ganhe afeto". Aprendemos que temos de seguir determinadas diretrizes para sermos amados. Você vai aprendendo que suas ações devem corresponder a determinadas expectativas como condição para se sentir amado e não precisar adentrar esse sentimento de carência.

E agora você chama de amor algo que é completamente condicionado. Acredita que, se for você mesmo, o perderá. Então, tem de agir conforme as referências externas e, aos poucos, vai perdendo sua espontaneidade, matando sua criança interior, que agia com tanta pureza e verdade.

As ideias condicionadas que você tem sobre si se tornaram mais importantes e reais do que a verdade sobre si mesmo. Você perdeu a pureza e acredita não ser capaz de amar incondicionalmente, já que essa não tem sido mais sua experiência. Torna-se um conjunto de ideias e crenças, positivas ou negativas, tanto faz. São todas ilusórias diante do ser divino que você é. Na verdade, está agindo e se relacionando por carência, não por amor. Quando você age a partir do coração, está agindo a partir do amor. Só assim os jogos do ego desaparecem. As cobranças desaparecem. E as supostas garantias também desaparecem.

Quando você coloca alguém na obrigação de satisfazer qualquer uma de suas expectativas, é porque está assumindo que há uma falta. Começa a acreditar que é um ser limitado, que está precisando de alguma coisa que vem de fora para suprir suas necessidades. Passa a acreditar que existe um vazio que tem de ser preenchido a todo custo pelas pessoas, ou pelas situações da vida, ou por um emprego, ou por um namorado. E ainda começa a criar um medo enorme de entrar em contato com esse vazio inventado. Medo de se sentir abandonado, isolado, sozinho.

Você se esqueceu de que não está sozinho. Que é um com todo o universo. Achar que você pode realmente estar sozinho e que pode de fato estar separado do outro é uma das suas maiores ilusões. Não tem como. Somos todos um só.

Aquilo que realmente somos é o substrato de toda criação. Claro que é muito poético falar isso, mas só podemos vivenciar essa situação quando o corpo, as emoções e a mente deixam de ser nossas referências de Eu. Enquanto tudo isso for nossa referência de Eu, nos sentiremos carentes, porque o ego é limitado, ele nunca vai se sentir pleno. Sempre vai acreditar que alguma coisa está faltando. Primeiro preciso me desidentificar da ideia de que sou esse eu carente, de que sou separado do todo, para assim poder me voltar à minha natureza, que é pura plenitude.

Ao se desfazer das identificações com os mecanismos da mente e do ego, o drama termina. Você deixa de se perder em pensamentos e em ideias equivocadas sobre si mesmo. Deixa de viver como se a ilusão fosse a grande verdade.

Nada nos falta quando estamos conscientes do que somos. Como pode faltar alguma coisa para a Luz infinita do *Ser Consciência* que você é? Qualquer coisa que você acredita que está lhe faltando é apenas uma ideia. Reconheça-a como tal e se sentirá pleno. O ser é puro amor, é pura luz, é pura abundância.

Por que me sinto inseguro nas minhas relações?

Essa insegurança acontece porque de alguma forma carregamos a crença de uma separação. No momento em que acreditamos ser esse corpo e essa mente, esquecemo-nos do que somos em essência e assumimos, assim, os aspectos de nossa personalidade. Nossa personalidade é composta do conteúdo de nossas experiências no corpo e na mente, individual ou coletiva.

De fato, sabemos que todas as atividades do corpo e da mente, assim como nossas relações e percepções, são instáveis. Nada é seguro, mesmo que evitemos essa verdade. Às vezes, por exemplo, você está em um relacionamento em que se sente inseguro. Você tem medo de deixar de ser amado, medo de que a pessoa vá embora, medo de que ela encontre outra pessoa, medo de que ela morra. E, no fundo, você sabe que tudo isso é mesmo possível.

Você não pode ter garantia de que vai ficar com uma pessoa em um relacionamento o resto da sua vida. Por isso você teme. Por isso tendemos a querer eternizar tudo. Por exemplo, você começa um relacionamento e já quer se casar, fazer juramentos e garantir que tudo vai ser perfeito para sempre.

Apesar de você saber da instabilidade de uma relação, tem esperança de que tudo aconteça exatamente como você espera e planeja. São expectativas. Você espera da sua família, dos seus amigos, do seu trabalho, de seu marido/esposa. Espera até de si mesmo. Até você mesmo o decepciona. Isso acontece porque você acredita ser sua mente. E ela falha. Então, você está sempre se decepcionando, seja consigo mesmo ou com o outro.

Você começa, então, a querer provas e coloca as pessoas em um lugar de obrigação, de ter que lhe dar alguma coisa, de ter que lhe garantir alguma coisa. Mas essa é uma responsabilidade que torna suas relações pesadas e sem força. Nenhuma relação consegue se sustentar a partir de obrigações.

O que você chama de segurança, na verdade, é um controle excessivo que o mantém longe da dor da "separação". Você tem medo de perder algo ou alguém porque em algum lugar sabe que nada disso é seu. Porque o que é seu, de fato, não pode ser perdido. Tudo que pode ser perdido não lhe pertence, então, de que adianta ficar segurando a esperança dessa felicidade ilusória, que só o satisfaz temporariamente?

A primeira coisa que você deve fazer é se dar conta de que não existem garantias para nada. A insegurança pode ser sua ponte para a verdade. Aos poucos, você vai perceber que ela é ilusória. Não há insegurança quando você sabe que sua real natureza é a pura consciência. Quando você se dá conta disso, se torna aberto e entregue a tudo que a vida lhe traz, seja o que for. A segurança real só existe quando você percebe que tudo que se manifesta neste mundo é impermanente, e reconhece que sua real natureza, a pura consciência, é a única coisa que permanece.

Mesmo em meio à tempestade, em meio ao turbilhão, a brigas, desavenças, descontroles, ou seja lá qual for a situação que a vida estiver lhe trazendo, a consciência continua intacta. Nunca começou, nunca vai terminar, nunca mudou nem nunca vai mudar, nunca será possível nem mesmo defini-la, nomeá-la. Você é a consciência de todos esses fenômenos passageiros. Você é a pura consciência!

Tire, então, o foco desses fenômenos passageiros. Permaneça como consciência e deixe que passe o que passa. A primeira atitude é assumir e permitir a sensação de insegurança e o desejo de segurança. Se você fugir dessa sensação, vai acabar criando outra situação que lhe gera insegurança, e se você foge de novo, cria mais uma. E assim você vai fugir eternamente até que seja inevitável que olhe, porque a vida está o tempo inteiro lhe mostrando, a vida vai sempre lhe apontar para a verdade. O segundo passo é se reconhecer como consciência por traz dessas sensações. Quando esse reconhecimento acontece, nada poderá gerar insegurança, pois você terá encontrado aquilo que é permanente: sua natureza divina. Isso é o que eu chamo de se tornar Um com Deus! E Deus está em toda parte e flui através de tudo que se manifesta. Mesmo que constantemente tudo mude, Ele ainda estará lá. Vivenciando isso, estará seguro.

Por que só atraio relacionamentos com pessoas que fazem com que eu me sinta abandonado?

Você pode ter vivido uma experiência de abandono na infância e isso pode não ter sido integrado em você, gerando provavelmente uma crença de abandono. Esse medo nasceu no momento em que se identificou com tudo que lhe disseram sobre você, quando criou sua identidade baseada em referências externas: "Você é João. O João é pequeno, ele é engraçado, ele é feio, ele é bonito".

Todas essas falas sobre você são condicionadas e baseadas em sistemas de crenças. Por exemplo, ser bonito para o social é seguir os padrões de beleza da capa da revista, e não estar conectado com o florescimento da sua luz interna. Nossas referências são sempre externas e compramos facilmente essas ideias, tomando-as como sendo nossas.

Quando você começou a se definir e, consequentemente, a se subjugar a esses condicionamentos históricos e sociais, se viu limitado e, então, deixou de perceber o Ser Real. Você começou, assim, a criar esse abismo imaginário de separação entre você e a sua natureza essencial. Passou a assumir que é um ser separado do todo. Quando você acreditou ser essa pessoa que tem essa identidade, começou a criar simultaneamente uma forma de suprimir esse sentimento de abandono.

Você tentou suprimir esse sentimento pela vida toda e criou todas as barreiras possíveis para isso. Você criou uma redoma de proteção à sua volta e faz um esforço enorme para se manter intocado dentro dela. Isso lhe dá uma falsa sensação de segurança. Inclusive, o que você chama de segurança é, na verdade, um controle excessivo para se manter longe da suposta dor do abandono.

Se você olhar um bebê, ele é pura experiência, ele é o experienciar da totalidade. Não há dicotomia em relação ao todo, não há separação. Um bebê não fica lá chorando e pensando: "Hoje estou muito chateado com minha mãe porque minha mamadeira não chegou". Não, se ele tem fome, instintivamente chora, é a forma que seu corpo encontra para receber comida.

Todos esses pensamentos e julgamentos sobre, por exemplo, a comida não chegar não existem para o bebê. Mas quando ele começa a acreditar ser o João, e que o João quando está com fome chora, e que o João quando está triste chora, e que a tristeza e o choro são ruins, ele começa a criar conceitos sobre o choro, passa a relacionar o choro com a falta de comida, começa a criar muitas histórias. Histórias sobre o João. Um João construído por ideias condicionadas sobre si mesmo.

É o resultado da identificação com essas histórias que cria um EU. Até os 3 anos a criança não se vê como um sujeito, e sim como um objeto. Refere-se a si como ELE, o João. Quando começa a se identificar com esse João, acredita ser o João. E daí acontece o nascimento do EGO. Essa identificação gera todo o senso de separação. Separação do todo. Criação do indivíduo. E com isso vem o sentimento de DOR. A dor da separação, que revivemos em algumas circunstâncias no decorrer da vida.

João, quando bebê, não se percebia como um ser separado do todo. Agora seu Ego foi estruturado e ele acredita ser o conteúdo de sua mente. Sua mente contém crenças e histórias a respeito de si mesmo. E quando nasce o EU EGO, nasce também o OUTRO. Esse é o princípio da dualidade. A dor da separação sintoniza João com a sensação da falta. Assim começa sua jornada em busca da parte que lhe falta. E enquanto estiver identificado com o EU incompleto, a quem algo está faltando, estará esperando que algo ou alguém o complete. E como não é possível que ninguém o faça, há uma grande probabilidade de que João se sinta rejeitado, abandonado, excluído, não amado, sozinho. Muitas situações da vida serão trazidas a ele para que olhe para a raiz da dor da separação.

A menos que você se pergunte quem é você e se dê conta de que não é o ser separado, ainda recriará em sua vida a ideia e a dor do abandono. Abandono pressupõe dualidade. Alguém o abandona. Há você e há o outro. Mas se você é um com toda a existência, quem poderia abandoná-lo? Quem é você? Caminhe ao centro dessa pergunta e jamais se sentirá abandonado.

Meu marido/minha esposa não me permite ser quem eu sou. Quero que ele/ela me aceite e confie em mim. Perdi minha liberdade e a quero de volta. O que posso fazer para mudá-lo/a?

Mudar as pessoas que amamos é sempre um dos nossos mais fortes desejos. Você vai fazer tudo para isso. Mas, em algum momento, vai notar que é impossível que outro mude para nos satisfazer. E mesmo que ele o faça, ainda assim não nos sentiremos satisfeitos.

Muitas vezes, quando nos damos conta disso, decidimos mudar a nós mesmos. Queremos ser uma pessoa menos ciumenta, menos intolerante, mais carinhosa. Mas, aos poucos, vamos percebendo que não é possível sustentar por tanto tempo as qualidades que idealizamos.

O ponto não é a mudança em si, mas o amor que a sustenta. A questão não é ter todas as qualidades necessárias para que se tenha um relacionamento perfeito. Não existe um relacionamento perfeito. Ao mesmo tempo, todos os relacionamentos são perfeitos. Esse é o paradoxo, ele acontece porque o conceito que você tem sobre perfeição é construído.

Então, só existem duas opções: buscar um relacionamento perfeito ou mergulhar para o centro do amor e deixar que ele o guie em seus relacionamentos. A primeira opção é ilusória. Você pode até achar um relacionamento que o satisfaça mais que outro. Mas, em algum momento, as sombras irão aflorar e você voltará a buscar a solução que irá salvar seu relacionamento.

Não adianta querer mudar o outro, não adianta nem mesmo querer mudar a si. Essas mudanças serão momentâneas e não terão força de sustentação. Mas se você caminhar para o centro do seu coração, poderá amar. Não espere que outro permita que você seja você. Você já é.

Se você está consciente disso e se aceita, em todas as suas formas de manifestação, ninguém pode tirar sua liberdade, simplesmente porque você sempre foi livre.

Nada do que é seu pode ser perdido. Nada do que é seu pode ser tirado de você.

Volte-se para si em vez de ficar esperando que outro o aceite ou confie em você.

O amor não tem sujeito. Como você pode querer ser aceito, confiável e livre se sua natureza já é pura aceitação, confiança e liberdade? Enquanto você estiver desejando um reconhecimento do outro, ficará preso no mesmo lugar. A prisão é a sua mente. Fora dela você está livre.

Perceba sua expectativa em relação ao outro e fique tão presente até que ela desapareça.

Só assim é possível que a harmonia aconteça. Observe o que você está chamando de liberdade. É o desejo de ser quem você é sem culpa. A mente é bem perspicaz. Liberdade não é algo a ser conquistado, mas algo a ser reconhecido. Você já é livre.

Querer responsabilizar o outro por algo ainda é um mecanismo da mente. Faça o contrário. Olhe-o com amor. Com tanto amor que todas as suas projeções a respeito dele desapareçam. O outro não pode tirar sua liberdade. É sua mente que acredita que ele faz isso. Aceite-se com totalidade e saberá como viver em total liberdade.

Minha família vive em um mundo muito diferente do meu. Ela tem uma mente muito limitada. Como ajudar meus entes a serem pessoas melhores?

Qualquer distinção de valores quem faz é a mente. E toda mente é limitada. Você está olhando sua família desde a perspectiva da mente, por isso faz essa distinção. Quando você olha o outro dessa perspectiva, projeta nele seus próprios condicionamentos.

Categorias como melhor-pior, certo-errado, só existem dentro da nossa mente, que funciona na dualidade. Por trás desse desejo de ajudá-los a serem pessoas melhores existe uma ideia do que seja o melhor. E há também muitos julgamentos sobre formas de comportamento. Rotular ou colocar uma pessoa em um nível de escala, considerando-a melhor ou pior, é uma característica do ego.

O amor não julga. O ser divino não faz distinção. Tudo é Luz, tudo é amor. A sua família é luz e amor. Se você começa a olhar sua família desde a perspectiva do puro amor, sem julgamento, com plena aceitação, existe a possibilidade de que esse amor transborde e que seus familiares o sintam. A luz é a substância real que compõe a existência de seus pais e, assim, de todos e de tudo que se manifestam como forma nesta existência.

Contudo, você não pode fazer isso com a intenção camuflada de ajudá-los. Você tem de fazer isso porque se deu conta de que tudo e todos são perfeitos, inclusive eles. Mas, claro, aprendemos a querer mudar os outros e encaixá-los nas ideias que temos sobre perfeição. Principalmente os que estão mais próximos de nós, porque são aqueles que de alguma forma nos afetam, tocam nas nossas feridas mais antigas. Os condicionamentos deles evidenciam nossos condicionamentos.

Mas como não queremos ver a verdade, o mais fácil vai ser colocar o foco fora de nós e, inconscientemente, culpar o outro. Quando você os culpa, imediatamente se torna a vítima. E esse personagem da vítima é um mecanismo eficiente do ego para nos afastar de nossa real identidade: o amor.

Isso que você acha da sua família não é a verdade sobre ela. É uma ideia que sua mente tem sobre ela que vem do medo do amor. Sempre que você critica uma pessoa, de alguma forma está se identificando com os aspectos da sua mente que sustenta esses mecanismos nela.

Quando reconhece isso e muda o foco da sua mente para o seu coração, você para de se incomodar com o outro. Quando se desfaz da ideia de que você é a mente com todos esses condicionamentos, começa a vivenciar o amor e, então, passa a olhar o outro desde o amor. E tudo que antes o afetava já não ressoa com seu corpo de dor, perdendo assim a razão de sua permanência.

Então, como aceitar o outro do jeito que ele é? Sem imposições, sem expectativas, sem desejar que ele seja como eu quero?

Antes de aceitar o outro, você tem de aceitar a si mesmo, e aceitar a si mesmo significa saber quem você é. Significa se desconfundir da ideia de que você é esse "eu limitado e incompleto", que precisa de alguém ou de alguma coisa para ser feliz. A expectativa em relação ao outro vem, no fundo, de uma identificação com a ideia de que algo lhe falta e gera uma expectativa de que algo externo o supra.

O primeiro passo é entrar em contato com esse sentimento de carência e com essa crença de que você precisa do outro para ser feliz. Aceitar a expectativa e a dor que ela possivelmente está encobrindo. Permitir as sensações que essa dor gera em seu corpo.

Por trás de toda expectativa existe um sentimento querendo ser camuflado.

Quando um sentimento vier, por exemplo, convide-o, não lute contra ele. Apenas observe. Não queira achar uma lógica mental para seja o que for que estiver aflorando como sentimento. Observe que os pensamentos excessivos em relação a qualquer sentimento podem transformá-lo em um drama. Sua mente vai querer interferir no processo porque ela está viciada no drama. Mas se você estiver presente e atento ao sentimento, sem julgá-lo, vai perceber que ele dura apenas o tempo de que você precisa para que a experiência se integre. É um mecanismo perfeito do corpo humano.

Quando você começar a se dar conta de que é a pura percepção das experiências que se passam no seu corpo, e não as experiências em si, todas as expectativas e sentimentos gerados por ela começam a desaparecer. Os sentimentos se tornam, então, apenas processos humanos de integração de experiências antagônicas e passageiras. Esse é o fim da identificação com os sentimentos e com suas expectativas.

Mas como conviver com o outro se ele não me aceita como eu sou?

Se você se aceita, muitos o aceitarão. E aqueles que, por algum motivo, não o aceitarem sairão naturalmente de sua vida. E isso fará sentido para você. Porque quando você está pleno no que faz e sendo verdadeiro consigo, nada nem ninguém poderá interferir nesse processo.

Se alguém está contra o que você faz e não o aceita como é, provavelmente é porque você ainda não se deu conta de quem verdadeiramente é. Então, começa a se sentir culpado por não estar correspondendo à expectativa do outro e passa a se justificar, ou reprimir seus impulsos de vida, para manter essa pessoa em sua vida e ter essa falsa sensação de amor. Mas isso não é amor. O amor só floresce na aceitação. E essa aceitação acontece quando você está consciente de quem é.

Venho sentindo um amor muito grande por uma pessoa e me questiono se esse amor é real ou ilusório.

Qualquer amor idealizado e com expectativas não é amor, é a busca de uma felicidade ideal, portanto, ilusória. Não se preocupe com o outro. Concentre-se em si e em tudo que o outro inspira em você. O amor que independe do outro é a mais pura expressão da alma.

Se você ama incondicionalmente, o amor é real. Se você acha que só pode amar se souber que esse amor será correspondido, isso é outra coisa. O amor verdadeiro não precisa do outro. O outro apenas o lembra o ser infinito que você é. E se naturalmente o outro vier, você estará pleno para o compartilhar do seu amor.

Mas o amor que está disponível a ser compartilhado independe dele. Então, não se preocupe se o amor é verdadeiro ou ilusório, porque esse pensamento o faz crer que você precisa de uma validação externa para saber se ama ou não. E essa resposta só pode estar dentro de si. Se você olha para dentro, está vendo a verdade; se olha para fora, o que vê é ilusão.

Foque a verdade de seu coração. Esteja pleno com você, independentemente do outro. Então tudo o que vier na sua direção será verdadeiro para você. E tudo que é verdadeiro virá em sua direção.

Eu posso atrair e manifestar o amor da minha vida?

Quando você está pleno de amor pela vida, independentemente de qualquer circunstância, esse amor cria um campo de luz ao redor de si. Esse amor transborda e pode ser que, ao transbordar, ele atraia algumas pessoas para perto de você. Mas você não intenciona isso. Isso é apenas consequência dessa plenitude.

Você é o amor da sua vida e mais ninguém. É hora de parar de procurar a felicidade em um relacionamento. Não tem nada fora que vá lhe trazer a felicidade que busca. Tudo já está dentro de você. Mas lhe venderam uma ideia de que você precisa de alguém para se sentir pleno.

Quanto mais você anseia por alguém, mais está se fechando para a experiência da plenitude. Quanto menos acredita que necessita de alguém, mais o desabrochar do divino em você acontece e passa a compartilhar sua vida desde o lugar da consciência, não da carência.

Por isso lhe digo: primeiro se sinta pleno sozinho e deixe que esse amor transborde. E se, então, alguém naturalmente chegar a sua vida, será bem-vindo. Se não chegar, ainda assim você estará pleno.

Se me sinto pleno, seria possível ter necessidade de partilhar com outro?

A natureza do amor é transbordar, assim como a natureza de uma flor é exalar seu perfume. Ela não espera que ninguém sinta seu perfume. E ela também não quer nada em troca por isso. Mas sua natureza é exalar. Não por necessidade. Não por obrigação, mas por um ato natural e divino. Você não vai ter necessidade de compartilhar, mas será inevitável que o faça. O compartilhar vai acontecer por si só. Sua natureza é compartilhar.

A natureza do coração é partilhar, não seria preciso, mas ainda assim o fará.

O amor transborda porque é ilimitado e infinito. Ele não pertence a ninguém. Ele não é seu, ele é a expressão de Deus que se manifesta por meio de você. Então, uma vez que você está presente e consciente, está centrado em seu coração e, naturalmente, vai expandir e compartilhar esse amor. E quando você compartilha esse amor, pessoas poderão se aproximar por pura ressonância.

Ao exalar seu perfume, a rosa pode atrair alguém que esteja passando por ali, aproximando-se dela. Esse perfume vai entrar pela narina e pelo corpo dessa pessoa e irá preenchê-la com esse amor. Quando você está consciente do ser pleno que é, algumas pessoas se aproximarão para esse compartilhar.

O amor que transborda desperta o amor no outro. O amor é a natureza de todos os seres, de toda existência. O amor não depende de um objeto. O amor é pura expressão da alma.

Então, você não precisa desejar doar, a doação é inevitável, ela se expressa por si só.

Podemos sentir a plenitude do ser e ainda assim ter um companheiro?

Você pode se relacionar e compartilhar sua vida com alguém, mas precisa se lembrar de que ninguém pode ser responsável por sua felicidade nem pela sua infelicidade.

Você pode ter uma família, ter filhos, ter um companheiro e viver isso com leveza, contanto que não busque neles o preenchimento de qualquer vazio interno.

Além disso, esteja consciente de que o outro é sempre um espelho que aponta para a verdade de quem você é. Se você se relaciona com o propósito de olhar para essa verdade, então a relação se torna um grande presente para o seu despertar espiritual.

Como posso não sofrer em términos de um relacionamento?

O que o faz sofrer é não querer a dor. Todo término de relação é o fechamento de um ciclo. E todo fechamento de um ciclo requer um período de elaboração, no corpo e na mente, de toda a experiência vivida, para que você possa criar espaço intracelular para novas vivências. É como um processo digestório. O velho tem que ir embora para que o novo venha. Isso é o que chamo de luto.

Mas, claro, você não quer aceitar que o outro vá embora. Você teve sempre a esperança de que duraria para sempre e agora está se deparando com a verdade de que tudo passa, assim como com a morte, e precisa aceitá-la. O sofrimento vem da não aceitação da verdade. A tristeza vem do se dar conta de que todas as esperanças são em vão.

Porém se você aceita a verdade e acolhe todos os sentimentos que chegam com ela, pode viver o luto como um dos processos mais lindos e libertadores de sua vida. Porque nada mais há a fazer, a não ser viver o processo. Porque todas as ideias da sua mente não lhe servirão nesse momento.

Então, é o momento perfeito para que você saia da mente e se direcione para seu coração. Seu ego foi estraçalhado e, enquanto você estiver buscando por ele de volta, enquanto ainda tiver alguma esperança, estará em sofrimento. Portanto, desista.

Aprendemos que desistir é um sinal de fracasso. Mas desistir em algumas circunstâncias é um ato de coragem e nobreza. Entregue-se ao processo do luto e ele o direcionará para o centro do seu coração.

No início, você pode se sentir fragilizado. Permita-se, não será por muito tempo, a não ser que você lute contra ou alimente isso. Aos poucos, sentirá uma energia infinita percorrendo seu corpo. Uma força imensurável que jamais sentiu. E só pode senti-la porque não há nada mais a fazer. Quando você aceita o inevitável de coração aberto e com a vulnerabilidade que isso pode gerar, então toca o divino.

O luto é uma das maiores pontes para a compreensão de quem você é. Não estou dizendo que você tem de ficar passando por mortes para chegar à iluminação. Mas, inevitavelmente, como é inerente ao despertar, começa a ocorrer a morte total de todas as camadas do ego, e se você se entrega ao inevitável, imediatamente tocará o sagrado.

Toda a ideia preconcebida que temos do luto é de sofrimento, lamentação, não aceitação e depressão. Mas isso são apenas ideias. Esteja presente no luto, acolhendo as dores, e nessa entrega tudo se integra e passa. Quando você foca a verdade, vive o luto de uma forma pura. Você acolhe todos os sentimentos que chegam com plena aceitação. Então, sente-se grato por esse ciclo que aqui naturalmente se concluiu.

Mas como não sofrer com o fim de um relacionamento, sendo que todo dia você precisa encontrar a pessoa?

Quando a dor aparece, o impulso humano é fugir. Temos medo da dor, resistimos a ela. Temos não suportá-la. Mas o sofrimento acontece justamente por você resistir a ela.

Algumas vezes, somos colocados em situações que não temos como fugir. Sentimos isso diante da morte, por exemplo. Queremos agarrar a vida, mas ela nos escapa, e não há nada mais que possamos fazer a não ser aceitá-la.

Nesses momentos, você descobre que não tem controle sobre nada. E quando se permite viver essa verdade, o despertar pode acontecer. A realidade está se apresentando agora dessa forma. Você tem de fazer algo que não quer e está sendo colocado diante da dor. Mas quem o coloca aí? Você mesmo.

Você, como consciência, sabe que viver essa dor pode ser a chave de que precisa para ir além dela. Ir além dela, em um primeiro momento, significa permitir que todas as sensações, sentimentos e pensamentos sejam chaves para sua autoinvestigação. Tudo que aponta para a luz divina é um grande presente.

Estar presente será seu maior presente. E isso significa incluir tudo o que a vida lhe traz sem resistência. Da dor ao prazer. Se você vai viver ou não seu processo de dor com sofrimento, dependerá do seu foco. Foque a verdade sem resistir a todo e qualquer sentimento que ela lhe traz e, aos poucos, o sofrimento se dissolverá. Ao permitir a dor, você se liberta do sofrimento e conhece a verdadeira força da vida.

Eu tenho medo de me relacionar. Preciso vasculhar meu passado para entender de onde vem esse medo e, assim, traçar um futuro livre de medos.

Você não precisa vasculhar seu passado e ter consciência da causa de tudo o que viveu para se libertar dele. Você precisa apenas entender que essas histórias existem na sua memória e o quão está apegado a elas. Uma das coisas que faz com que você se mantenha apegado é a sensação de que possui uma identidade. Você acredita precisar de uma história que o defina. Por exemplo:

Uma pessoa tem dificuldade em confiar nos homens com quem se relaciona. Então, ela busca uma razão para isso e descobre que não se relaciona bem com os homens porque seu pai era agressivo. Essa pessoa criou uma crença de que os homens não são dignos de confiança. Ela vê, então, os homens desde a ótica que tem do pai. Carrega seu passado como forma de se defender de uma relação abusiva, mas usa essa crença também para se esquivar de sua responsabilidade em ter de lidar com os homens, já que em sua mente inconsciente todos são iguais ao seu pai.

Porém justificar, além de entender isso, não é suficiente para que ela deixe de viver desafios nos relacionamentos. Ela pode se sentir aliviada e até esperançosa, mas sua mente ainda idealiza a relação perfeita, diferente daquela que teve com o pai. Dentro desse desejo ainda existe um grande medo de se relacionar.

A mente que justifica apenas troca uma crença por outra. Uma má ideia por uma ideia melhor. Todavia, ainda assim são ideias, portanto, têm a mesma natureza. Claro que você pode escolher as ideias que considera melhores, mas isso não será suficiente para libertá-lo do sofrimento.

A mente funciona na dualidade e, em breve, pode lhe trazer novos desafios e, de novo, a dificuldade com os relacionamentos pode aparecer. Então lhe digo: desista de vasculhar o passado, de querer acordar memórias. A única coisa de que você precisa é estar presente quando a dificuldade surge.

A presença o libera da ideia de que existe um passado. Ela o libera de todas as ideias que você tem sobre os homens. Na presença, o passado se dissolve. Essa é a libertação real.

Você pode fazer isso até que seja uma pessoa sem histórias. Uma pessoa sem histórias é alguém livre, até mesmo da ideia de ser uma pessoa que precisa se libertar de histórias. Você é a própria liberdade em si. Imagine um filme sendo projetado em uma tela de cinema. A consciência é a tela, e a história da sua vida é o filme. Você pode se identificar ou não com as cenas tristes de sua vida.

Uma vez, meu filho menor estava com medo de uma cena de um filme ao qual estávamos assistindo no cinema. Meu filho maior, no intuito de acalmá-lo, disse: "É apenas um filme". Imediatamente o pequeno se acalmou. No momento em que o maior disse aquela frase, houve uma desidentificação do menor ao se lembrar de que aquilo era apenas uma projeção, e não a realidade.

Você pode se lembrar da cena de um filme a que já assistiu sem precisar chorar de novo com as cenas que considerou tristes. Mas você acredita no filme e o vive como realidade.

Ele leva você para o passado e traz à tona a memória de alguma dor com a qual ainda está identificado. Você tem medo de se tornar um ser sem história, sem passado. Medo de se tornar um ninguém.

Entretanto, torne-se ninguém e será tudo, seja a tela para além das histórias.

Mas, em vez de compreender a profundidade disso, continuamos a viagem da mente, que vai de um passado inexistente para um futuro imaginado. E esquecemos que o lugar perfeito é onde você está e não aonde você quer chegar.

A situação perfeita é a que está acontecendo agora, não a que deveria ou poderia acontecer.

A mente sempre entra no "e se fosse assim, deveria ter sido assim, gostaria que tivesse sido assim, quando for assim". Mas observe. Essa não é a verdade. A verdade é o aqui e o agora, é a tela onde tudo isso se passa, não o que vem de sua memória. Em vez de se manter presente, sua mente viaja para uma possibilidade dentre as tantas de um futuro improvável, vindo de uma projeção de ideias referenciadas num passado inexistente.

O que há de real nisso? Se o futuro do pretérito (queria, gostaria, seria...) e o futuro do subjuntivo (quando eu quiser, quando eu fizer...) não existissem, não reproduziríamos tantos dramas. A situação perfeita é a da verdade, seja ela qual for e como se apresentar.

Isso não significa que sua vida não possa mudar e que agora você está fadado a aceitar tudo.

A situação pode mudar e você pode até se sentir melhor. Mas comece de onde está, e não da ideia de aonde se quer chegar. Qualquer ideia o levará a uma vida limitada. Saiba, Deus em você tem uma ideia muito melhor que a de sua mente. Mas isso só pode ser vivenciado na presença.

Como ser o verdadeiro amor se desconheço o que ele é?

Não se pode conhecer algo que você já é. Você já é o amor; conhece esse amor porque ele é sua natureza. Não precisa ter uma compreensão lógica sobre ele. O pássaro não sabe que é um pássaro, mas ainda assim não pode deixar de sê-lo.

Você só precisa deixar de se confundir com aquilo que não é, para que o que você é se revele. Não tem como não sê-lo, uma vez que você já o é.

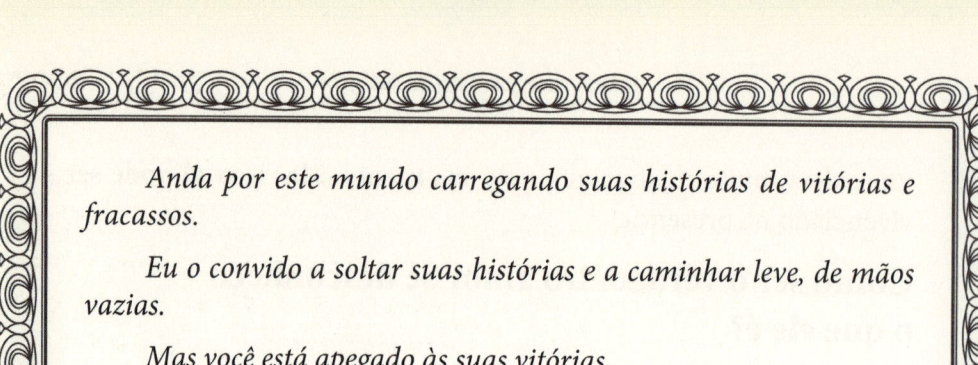

Anda por este mundo carregando suas histórias de vitórias e fracassos.

Eu o convido a soltar suas histórias e a caminhar leve, de mãos vazias.

Mas você está apegado às suas vitórias.

E, embora pense que não, você também está apegado a seus fracassos.

Você carrega a esperança de superá-los, transformando-os em mais uma vitória.

Você tem orgulho de suas superações, e as usa como bandeira para seu mérito e reconhecimento, achando que assim provará seu valor.

As vitórias são também um reflexo do fracasso e de um desejo de reconhecimento.

Vitórias e fracassos compõem sua história.

Eu o convido para ir além de suas histórias.

Histórias fazem parte do passado e não podem determinar o que está a vivenciar agora.

Agora só existe a verdade.

E a verdade não passa.

A verdade não acontece em um tempo e, por isso, não se inicia nem termina, e é a única coisa real.

Você pode escolher viver a verdade ou ignorá-la.

Você pode atribuir seu valor a suas vitórias e superações, mas esse valor será falso.

O valor real está em quem você É, não em que você fez ou faz.

Por isso eu o convido. Solte o que está carregando.

Deixe seu passado e suas histórias.

Caminhe presente e estará livre.

Caminhe presente e estará leve.

Além do Bem e do Mal

Existem pessoas más? O mundo é mau?

Enquanto você estiver olhando o mundo como mau, estará sustentando-o dessa forma, já que o mundo nada mais é que uma projeção de nossas crenças, sejam individuais, sejam coletivas.

Todos os pensamentos que você tem sobre o mundo e sobre as pessoas podem estar contaminados pelos seus conceitos e preconceitos e por tudo aquilo que você aprendeu de seus familiares, de sua cultura, religião, etc., e dificilmente você os olha de uma forma pura.

Você já olha o outro enxergando nele, antes de tudo, seus condicionamentos. Seu olhar está viciado em julgar. E quando você julga alguém, não se permite ver a verdade sobre esse alguém. Você está vendo apenas uma parte, que vem da projeção de suas próprias crenças e ideias.

Muitas vezes, quando você alimenta sua mente com pensamentos negativos sobre o outro, acaba encontrando aliados que, juntamente a você, sustentam esses pensamentos, criando assim crenças coletivas que perpetuam tais pensamentos e produzem ainda mais o que chamamos de negatividade no plano das manifestações.

O ego acredita ganhar poder por meio de crenças coletivas porque tais crenças trazem um senso de identidade grupal, o qual muitas vezes é confundido com força: "a união faz a força". Assim se sustenta a ideia de mal que pode criar ainda mais desarmonia no mundo.

O ser humano dá poder a esses pensamentos e ideias, portanto, dá poder às manifestações "maléficas".

Ele se esquece de que todos nós somos feitos da mesma substância: o amor.

Mesmo que as pessoas que você julga como más ajam de forma inconsciente, ainda assim elas são expressões divinas. Se você se permite ver a perfeição em tudo e ver Buda em todos, vai parar de sustentar a crença coletiva de que somos a mente limitada que cria e sustenta as ideias de bem e mal, assim como suas manifestações.

O mal vai existir enquanto acreditarmos nas ideias da mente e nos permitirmos ser guiados por ela.

Mas como me proteger dos perigos, então?

Você quer combater o mal a qualquer custo.

Então, cria guerras em menor e em maior escala.

Você começa a criar armas de todos os tipos. Cria mísseis ou fecha seu campo energético para se blindar das energias que acredita que o ameaçam.

E a batalha contra o mal começa, dentro e fora de você.

Claro, se alguém o ataca você pode até se proteger, mas não é a partir da energia do combate que vai se libertar da ideia de que você é a mente de onde o mal surge e se projeta no mundo.

Você só vai superar essa ideia e estar protegido quando se der conta de quem realmente é. Você é o amor. Essa é a sua real natureza, seu ser real.

O seu ser real não pode ser atacado.

Você acha que quando está consciente da verdade alguma coisa pode atacá-lo? Você só pode ser atacado quando se esquece de que é a pura consciência. Você só pode ser atacado quando está identificado com o ego e com todas as histórias criadas por sua mente.

Lembre-se de quem você é em essência e estará protegido.

O amor é sua real natureza. O amor jamais pode ser atacado.

Como lidar com o medo?

Em geral, o medo vem de uma história que você viveu ou que seus ancestrais viveram. Às vezes, você carrega medos que são de seus pais, avós, ou o medo de um povo, cultura, religião.

Existem, inclusive, medos que estão em nosso DNA, que vêm de bilhões de anos da história da evolução da vida. Ou seja, o medo sempre vem de nossas referências do passado e, em alguns casos, tem seu sentido de existência, visando à preservação da espécie.

Se você está sendo guiado por sua mente, estará sempre viajando entre passado e futuro.

Mas se você pensar bem, onde está o futuro, a não ser nas ideias da sua cabeça?

E onde está o passado, a não ser em sua memória? Tanto um quanto o outro são intocáveis e completamente sem substância concreta. São apenas formas-pensamento pairando no além.

Quando você está presente, ainda que o medo venha, ele não o domina.

Algumas vezes será apenas um instinto de preservação.

E outras vezes, poderá vir referenciado de alguma experiência do passado.

Quando você carrega muitas marcas do passado, tem medo de repetir a história que gerou tais marcas.

Nossa mente pode imaginar muitas suposições do que pode acontecer. É um mecanismo inconsciente de proteção.

Não dê espaço para sua mente ficar imaginando coisas. Não dê alimento a ela. Ela gosta de alimentos. E adora se alimentar de coisas negativas. É uma de suas tendências.

Mas não dê crédito a ela, mantenha-se presente percebendo essas vozes que querem desviar sua atenção para um lugar e um tempo que nem mesmo existem.

Saia da imaginação e fique com o que é real.

O real só pode ser encontrado na presença.

Esteja atento para não cair nas distrações da mente.

Você se distrai quando embarca nas histórias da mente que vêm do passado. A partir dessas referências do passado, as histórias se projetam por meio das mais diversas imaginações para um futuro improvável.

Confiando na força do amor, para que se preocupar com o que está por vir?

O que vier será o perfeito, será um espelho para a verdade.

Agradeça, então, ao espelho.

E olhe para dentro de si.

Não há outra possibilidade.

Qualquer outra coisa será falsa.

Convido você para a verdade. Nem sempre ela se apresenta como é de seu desejo.

Podemos até achar que sabemos o que é melhor para nosso corpo, para nossa mente, para nossas convivências aqui neste mundo do manifesto, mas existe uma força maior que às vezes vem e bagunça tudo, e aí você fala: "Eu não sei de mais nada, só sei que nada sei".

Não é a nossa mente que está na liderança, é a força do coração que está.

Permita que suas ações venham do coração e um portal se abrirá.

E saiba, quando vem medo, quando vem desejo de guerra, quando vem reatividade, quando vêm expectativas de que seja de um jeito ou de outro, é o ego interferindo.

Mas quando a ação consciente acontece, ela é clara, desapegada de ideias e de resultados. Então, você sabe que há uma força maior que o está guiando.

Algumas pessoas que queremos evitar, em vez de serem espelhos que nos apontam para a verdade, podem ser vampiros energéticos?

Se você em essência é puro e infinito amor, e está consciente disso, então, não existe a possibilidade de que seja sugado.

Como você pode perder energia, se você é a fonte inesgotável dela?

Como você pode ser vítima do mal se quem você é vai além da dualidade?

É a ideia de que você é um ser limitado que o faz acreditar ser vítima do mal.

Ninguém é de fato vítima de nada. Ou você acha que alguém pode mesmo exercer um poder sobre você e sobre sua vida?

Se você considera a possibilidade de ser vampirizado por alguém, significa que se identificou com a ideia de que é um ser limitado. Quando você está consciente do ser ilimitado que é, o que chama de mal perde sua razão de existir.

Se você quer evitar alguém por medo de ser vampirizado, é porque ainda existe uma identificação com algum aspecto da sua mente que crê na dualidade do bem e do mal. Isso nada tem a ver com o outro. O outro só está espelhando para você essa identificação. O ser infinito que você é jamais poderá ser vampirizado.

Pensar positivamente não é um passo para uma vida perfeita?

Todos dizem "pense positivo", porque o pensamento tem poder. Que poder estamos dando aos pensamentos? Se você começar a querer só pensar de modo positivo, de alguma forma estará reprimindo o que chama de negativo. Se luta contra o pensamento negativo, de alguma maneira o estará alimentando.

Você dá energia a tudo que rejeita. E de tanta energia que você dá aos pensamentos, sejam eles considerados positivos, sejam negativos, acaba tomando-os como reais. Acaba se confundindo com todos os conceitos que formam seus pensamentos.

O que é verdadeiro está livre de conceitos. Sua vida não é isso ou aquilo. Sua vida simplesmente é. Ser perfeito não é ser como se espera. Ser perfeito é ser como se é.

Nem bom, nem ruim. Nem positivo, nem negativo. Liberte-se de conceitos e encontrará perfeição em tudo.

Eu me sinto muito incomodado com certos comportamentos das pessoas.

Quando você se incomoda com o outro, é fundamental se lembrar de que há alguma ferida aberta que está sendo ativada dentro de si. Eckhart Tolle chama isso de "corpo de dor". O corpo de dor é acionado por uma situação externa que desperta a memória de alguma dor vivida e não elaborada no passado. Traz à tona também pensamentos, reações físicas e emocionais que vêm da expressão desse corpo ferido.

O corpo de dor se alimenta de sofrimento, ou seja, de todas as histórias que o mantêm identificado com determinados sentimentos do passado. Algumas vezes esse corpo de dor é acionado por uma dor coletiva, por conjuntos de crenças e sentimentos que vêm da história de um povo, de uma família, de um grupo.

Em certos casos, seu corpo de dor aciona o corpo de dor de outra pessoa, dando assim início a um conflito. Em maior escala, a reatividade de um corpo de dor coletivo pode iniciar uma guerra. Se você reconhece que o que está se expressando é um corpo de dor, em si mesmo, no outro ou em um grupo, então é possível a desidentificação e a dissolução da tendência ao conflito.

A vida sempre traz a melhor pessoa ou situação que vai lhe servir de espelho para que você olhe para dentro e acesse aquilo que ainda está mantendo esse corpo de dor vivo.

O outro nunca é culpado ou responsável por nada que lhe acontece. As questões que ele lhe traz são apenas reflexos do seu interior.

A autorresponsabilidade o leva para dentro e o aponta para o amor divino que existe por trás de todos os medos e desejos, os quais o levaram a crer que o outro e o mundo estão contra você. Quando você não aceita os desafios que a vida lhe traz, está olhando a situação desde uma perspectiva limitada, ou seja, desde a lente do ego. Você acha que o que está acontecendo deveria ser diferente, que aquela pessoa deveria ser diferente.

Você quer que tudo se encaixe dentro dos moldes do que aprendeu como certo e deseja se proteger de alguma ferida do passado que aquela circunstância faz com que você reviva.

Por exemplo: você tem uma história de rejeição no passado e hoje, por algum motivo, alguém não lhe deu bom dia. Isso pode levá-lo a acionar um sentimento de rejeição.

Como você tem medo de se sentir rejeitado de novo, começa a usar uma de suas rotas de fuga para abafar esse sentimento. Então, você acusa o outro.

Mas tudo o que você vê nele é um reflexo dos seus próprios condicionamentos. A questão é que você se esqueceu de quem verdadeiramente é, e acredita ser esse que está incomodado. Mas é sua mente que está incomodada. Você é a consciência de tudo que acontece nesse corpo e nessa mente. E quando se dá conta disso, para de julgar o outro e de se incomodar com ele. Começa, então, a olhá-lo desde a perspectiva da consciência; você passa a olhá-lo como um Buda.

Ame-se e amará também qualquer ser humano. Para a consciência não existe história.

Qualquer questão que você tem agora vem do passado e está sendo referenciada por uma história. A história lhe dá um senso de pertencimento: EU sou essa pessoa que passou por essa rejeição, que passou por tal e tal sofrimento. Existe uma história que, de alguma forma, lhe dá um senso de pertencimento, de existência. Comece então a se questionar se essa história é mesmo real. Se ela determina quem você é. A resposta é não. Porque não há nada que possa determinar o ser que você é. Essas histórias são apenas identificações com esse corpo e com essa mente como sendo você.

É claro que se você está se identificando com isso, o outro e as situações da vida começam a incomodá-lo. Esses incômodos são apenas sensações que são ativadas por uma memória do passado. Quando você dá um salto para além da sua história, para além de tudo isso que acredita ser você hoje, começa a olhar cada ser humano e a si como um Buda: pleno e belo em si mesmo.

Quando começa a olhar a vida sem essas referências, você enxerga tudo com o olhar puro de uma criança, que está vendo algo pela primeira vez. Imagine que essa criança está vendo uma borboleta, mas não tem nenhuma história sobre essa borboleta, tampouco sabe o que uma borboleta faz. Essa borboleta não tem história e essa criança também não. Então, existe um encontro. Quando dois seres sem histórias se encontram, algo divino acontece. Não há críticas, não há julgamentos.

Todos nós somos essa borboleta, todos nós somos essa criança que observa essa borboleta. Quando você olha o outro como se fosse a primeira vez, o incômodo desaparece. Quando você olha com o olhar de criança para a vida, tudo é perfeito como é. Porque é um olhar sem referências. Mas, em geral, sua mente carente e apegada às histórias passadas diz: "Ela não me deu bom dia porque sou um chato". E pode ser que ela só estivesse distraída com alguma coisa.

Você não é esse que está se incomodando. Esse que está se incomodando é apenas um aspecto da mente dentro do ser infinito que você é. Portanto, se observa esse incômodo sem julgá-lo ou querer mudá-lo, o verá se transformar em uma música harmônica e melódica. E quando você ouvir alguém em uma obra martelando alguma coisa, em vez de dizer: "que som chato!", irá se lembrar de que alguém está somente consertando ou construindo algo.

Em certo grau, você gosta de ser incomodado. Isso lhe dá uma sensação de existência. O ser humano se acostumou até mesmo com o sofrimento. Isso faz com que ele se sinta vivo. Gosta de reclamar, de acusar e assumir uma perspectiva limitada em relação à vida e ao outro. Isso traz um senso de poder. Então, você começa a gerar situações de conflito. E quando você percebe, já está gritando com vizinhos, brigando com o namorado, chamando a polícia.

Nosso padrão é logo reagir de uma forma impulsiva e desesperada. Mas isso não vai adiantar, porque a situação vai continuar se repetindo e se repetindo, até que você, de fato, olhe para si. Portanto, em vez de adiar, aproveite cada oportunidade que a vida lhe traz. Se puder, até mesmo agradeça àqueles que o incomodam e trazem à tona suas questões. E não tenha medo de se sentir vulnerável ao assumir que essas questões, na verdade, são de quem você ainda pensa que é.

Respire e fique presente. Observe sua tendência e ímpeto de reagir ou fugir. Observe os medos que possam chegar. Aceite. Escute as vozes de todos os EUs do ego. "Estou observando um incômodo chegando. Estou percebendo um desejo de gritar. Estou observando um medo, um descontrole." Esses foram apenas alguns exemplos.

Nossa mente acessa lugares mais inusitados do que podemos imaginar. Foque a presença, fique consciente e presente em tudo que se apresenta. Cada pensamento. Cada sentimento. Cada detalhe. Todos os fenômenos que estão acontecendo: se tem alguém gritando, se tem alguém falando, se vem uma raiva, se tem um cachorro latindo... Um novo pensamento e depois outro. Um novo sentimento e depois outro.

O amor não exclui nada e às vezes se expressa de uma forma que, apesar de julgarmos errada, é a mais perfeita de todas. Às vezes até mesmo um grito, quando vindo da verdade e expressado de forma consciente, pode "salvar o mundo". Quando você chega a esse ponto, nada mais o incomoda. O corpo de dor se torna o corpo de luz. Até que não haja mais a ilusão de um corpo. Apenas luz. E, na luz, toda escuridão desaparece.

Então, esses sentimentos ditos ruins colocam nossas verdades em xeque? E baixam a nossa vibração energética?

Você está falando das crenças e não da verdade. A verdade nunca pode ser colocada em xeque. Nenhum sentimento, seja ele julgado pela sua mente como ruim ou bom, pode afetar a consciência do Ser. Os sentimentos são fenômenos instáveis que colocam suas ideias sobre a verdade sempre em xeque.

Apenas desfaça essa confusão e foque a verdade além de qualquer ideia, e tudo o mais passará. Isso acontece quando você sabe que sentimentos são manifestações passageiras.

O que você chama de baixa vibração acontece quando está inconsciente desses fenômenos passageiros, quando você se confundiu com eles.

Às vezes, você cria uma ideia de que para ser espiritual não pode mais ter contato com sentimentos que não julga como nobres. Você começa a negá-los em busca de uma perfeição. Esse é um mecanismo sofisticado do ego. Antes você competia para ser reconhecido, brigava para receber atenção. Agora acredita ter transcendido o ego e ter elevado sua vibração, uma vez que parece não ter mais sentimentos como raiva, medo, ciúmes, tristeza. Mas esses sentimentos são humanos, mais cedo ou mais tarde uma situação poderá trazê-los à tona.

Ser espiritual virou um conceito: a pessoa se sente em alta vibração e, portanto, superior àqueles que considera ter sentimentos de baixa vibração. Essas são as características do ego espiritual em ação. Você acha que encontrou o caminho. Mas eu lhe digo: não existe caminho. Não existe um processo progressivo, teleológico de elevação espiritual para que você alcance a iluminação. Essa ideia é uma projeção da mente que opera na linearidade do tempo.

A iluminação não é algo que pode ser alcançado nem mesmo realizado por alguém. Se você está em uma atitude total de tristeza, por exemplo, mas ainda consciente de que esse sentimento é apenas o conteúdo de uma experiência passageira, então está permitindo a integridade das vibrações. A presença permite que tudo que se manifesta vibre em totalidade em suas variadas nuances.

Quando estamos presentes, as vibrações tendem a se elevar naturalmente, sem esforço, e sentimentos de paz, alegria e amor se tornam mais comuns, contudo, não vêm de um acontecimento específico, mas do simplesmente Ser. E mesmo que sentimentos venham, eles não mais o dominam. Você é amor de onde todas as vibrações se manifestam.

Qual é a melhor forma de acolhermos nossa sombra sem nos identificarmos com ela?

A sombra faz parte da luz, caso contrário nem mesmo existiria. Então, ela nem precisa ser acolhida, só precisa ser percebida como parte da luz. A luz já é o próprio acolhimento, pois ela não exclui nada. Tudo é luz. E quando você a focaliza, a identificação com a sombra desaparece.

Como podemos diluir a sombra do coletivo em um ambiente de trabalho?

O coletivo muitas vezes acredita ter forças quando sustenta algumas crenças. As pessoas confundem isso com união. Muitas vezes, as supostas ideias sustentadas por um coletivo vêm de estratégias da mente de pessoas que se sentem fracas e temem a solidão. Mas essas "forças" coletivas que vêm de medo não se sustentam na luz do amor. Como a estrutura da mente coletiva foi criada por ideias condicionadas, em pouco tempo elas começam a ruir.

Imagine uma rede de mentes condicionadas criando algo juntas. Quando uma delas se enfraquece, o que é provável que aconteça, já que para sustentar algo falso é preciso esforço, toda a estrutura se desequilibra e começa a ruir. E quem está sendo afetado pelo coletivo? É a mesma mente que sustenta a existência de tal coletivo, ainda que aparentemente essa mente não esteja compactuando com ele.

Esteja consciente de que você está negando o que chama de sombra. Quando se dá conta de que não pode ser afetado pela sombra, ela perde a força. Ela se torna apenas uma parte integrante da luz. Toda luz tem sombra. E quando você aceita a sombra como parte integrante da luz, ela não o afeta mais.

Antes de tudo, perceba com presença e com amor o que a vida estiver lhe apresentando. Tudo é um presente, um espelho para você. Perceba todos os acontecimentos sem julgá-los. E se o julgamento vier, perceba-o também. Quando o desejo de mudar algo vem de um medo, ou de um incômodo, ele é na verdade uma reação. Qualquer reação perpetua aquilo que você não quer.

Não busque mudar nada, nem o outro, mas deixe que isso aconteça por si só. Esteja presente e obrigatoriamente a verdade virá. Isso significa que você não precisa reagir, nem fugir. Na presença, o amor se revela. E, quando isso acontece, tudo que não está em ressonância com ele inevitavelmente se desintegra. Isso é o que as religiões chamam de "entregar nas mãos de Deus". Observe a vida e observe também o observador. Até que tudo se torne a pura observação.

As pessoas acreditam que é pecado e errado ser *gay*. Tenho medo de perder o respeito de amigos, família, por eu ser *gay*. O que devo fazer?

O medo vem da ideia que você tem sobre como um homem deve ser e se comportar para ser amado e aceito. Possivelmente está se julgando e, quando você se julga, se abre também para que outras pessoas o julguem.

Quando o amor é vivido com totalidade, você deixa de se afetar pelos julgamentos alheios, o que pode inspirar mais respeito da parte dos outros. A aceitação começa em você. Então, a questão aqui é você, não o outro. Quando se desfizer de seus julgamentos, não estará mais em ressonância com ataques psíquicos e desrespeitos.

Que ideias você tem sobre si mesmo por estar vivendo neste corpo uma experiência homossexual? Crescemos ouvindo definições precisas sobre nós. Somos bonitos ou feios, inteligentes ou burros, fortes ou fracos. Isso você entende como crenças e ideias que as pessoas e você mesmo têm sobre si. Mas lhe dizem: "Você é João e João é um homem", por isso você acredita que deve seguir os condicionamentos coletivos de tudo que foi socialmente determinado para pessoas do sexo masculino.

Todavia, como você era antes de ser concebido? Sua alma não é feminina nem masculina. E quem é você? Esse corpo? Não. Você não é esse corpo e os condicionamentos atribuídos a ele. Você, como consciência, nem mesmo está localizado nesse corpo. Esse corpo é o que está em Você. É apenas uma expressão do Ser Real. Mas, lembre-se, o Ser Real não pode se reduzir a um homem. Encontre primeiro sua real natureza. Assim, você poderá ver todas as expressões e manifestações que acontecem por meio desse corpo como divinas.

A identificação com as ideias que você tem sobre como um homem deve agir e se comportar está impedindo-o de viver a experiência pura com plenitude. Liberte-se, então, dessas ideias e viva o amor sem culpa e sem medo.

Pode nos falar sobre política?

Falar de política, em geral, nos coloca na posição de optar por um partido e levantar bandeiras em prol de alguém que vai nos representar nas decisões do país, do estado, da cidade. Todas as vezes que levantamos uma bandeira, nos colocamos contra outros partidos. E fazemos isso não apenas em relação à política. Sentimos a necessidade de defendermos teorias, conceitos, religiões e ideias das mais diversas. Defendê-las e afirmá-las parecem confirmar nossas crenças e nos assegurar a vida idealizada que tanto esperamos.

Então, começa o conflito. A natureza do conflito é de que uma ideia, uma teoria ou um partido prevaleça sobre outro. Em um conflito sempre alguém perderá e será excluído.

Mas quem é esse que ganha? E quem é esse que perde? Quem precisa defender qualquer ideia ou se defender dela é o EGO. Quem precisa fazer prevalecer sua opinião é o EGO.

Quem ganha é o EGO. E quem perde também é o EGO.

A verdade não precisa ser defendida, porque ela se revela a cada instante da vida, quer seu ego queira, quer não. Não há como levantar bandeiras, criar argumentos ou teorias sobre a verdade. A verdade só pode ser experimentada, vivida. Você pode mostrar para alguém um chocolate suíço, dizer que ele é maravilhoso e usar vários argumentos para convencer a pessoa a comê-lo. Mas esses argumentos são apenas teorias sobre a verdade. Você só saberá a verdade sobre o chocolate ao experimentá-lo.

Quando você defende algo, está usando teorias. Sua mente está sempre defendendo ideias. E sempre que defendemos algo, estamos indo contra alguma coisa que, provavelmente, é outra ideia. Esse é o princípio do conflito e da guerra. E enquanto estivermos em conflito, estaremos criando separação. Não é possível combater o que não se quer por meio da guerra, apontando o dedo para fora e criando aversão.

Essas ações nunca o levam ao amor.

Mesmo que você ganhe a guerra, a briga, mesmo que seu argumento convença a todos, ainda assim carregará em si a derrota e o fracasso, pois a verdadeira vitória não se dá pelo conflito. A verdadeira vitória se dá pela rendição, quando você se dá conta de que não tem nada para provar a ninguém, que não tem de convencer ninguém de sua verdade. Porque enquanto você acreditar que tem uma verdade eu lhe perguntarei: quem tem uma verdade? A verdade não é minha, ou sua, ou de ninguém. A verdade simplesmente é. O que você acredita ser sua verdade na realidade são teorias sobre o que julga ser a verdade.

O ego acredita saber o que é o melhor para o mundo e para o outro. Mas acredita a partir das ideias condicionadas. Contudo, não temos como saber. Quando você está consciente disso, para de lutar, você sabe que existe uma sabedoria divina atuando. Seja o que for que aconteça, vai ser o melhor espelho para o nosso despertar. Isso é confiar. É focar o amor.

Se você decide pelo amor, não precisa ir contra nada. Enquanto você está contra alguma coisa, está reforçando-a, apenas.

A reatividade e a agressividade só reforçam ainda mais o que você não quer. E essas ações vêm do medo e não do amor. A verdadeira revolução começa nas ações que vêm da confiança e não do medo. Confiar é saber que, seja o que for que aconteça, o amor está na guiança. Mesmo aquilo que não corresponde a nenhuma de suas expectativas. Mesmo aquilo que pareça injusto e que gere sofrimento a você. O amor sempre vai trazer a situação perfeita para seu despertar.

Então, significa que não posso mais me posicionar em relação a uma ideia, a um partido?

Sim, você pode se posicionar, estabelecer os limites para aquilo que em sua percepção não está em ressonância com a verdade. Mas, antes, se pergunte se seu posicionamento vem da consciência ou do medo. É um posicionamento reativo ou ativo? O ato consciente vem do amor. E no amor há confiança. Então, seu ato é desapegado de resultados.

Seja a qual resultado chegar, você saberá que agiu de forma consciente e que sua mente não pode saber o que a humanidade está precisando viver. Confiar no amor é agir a partir dele em qualquer situação. Mesmo as que considera adversas. E saiba: a mudança verdadeira só acontece pelo amor, quando você para de querer mudar o mundo, o outro e a si mesmo.

Reconheça que muitas das situações são construídas por atos inconscientes. Atos ignorantes afetam desde nossas relações mais próximas até toda uma nação. E não há nenhuma diferença aqui. Não podemos julgar. Nossa ignorância também criou esses partidos e colocou certos políticos no poder. Mas, ainda assim, olhamos para fora e acusamos o outro por nossa ignorância.

Ou seguiremos guiados pela mente, criando conflitos em menor ou maior escala, ou daremos um salto em direção ao coração, podendo acolher até mesmo a nós próprios em nossa ínfima ignorância. Esse é o princípio da autorresponsabilidade. Da inconsciência, gero atos ignorantes e fico oscilando na dualidade. Da consciência, gero atos de amor e me integro na unidade. Mesmo diante do seu maior inimigo, tome a posição do amor. Posicione-se, mas confie no amor. E lembre-se: o amor não exclui, ele une.

O amor não é algo romântico, em que tudo é lindo e perfeito. Não é acolher o bom e rejeitar o mau. O amor não rejeita, ele aceita. O amor inclui o diferente, o novo, o inusitado, as sombras; enfim, o amor inclui toda a sua humanidade e toda a humanidade. Essa é a única revolução possível.

Enquanto você não tiver essa clareza vai continuar repetindo uma história de guerras e conflitos. Se você se compromete com o amor, não dá espaço para distrações. Basta uma pessoa com toda sua integridade, mergulhada nessa verdade, para mudar a história de um país inteiro. Então, se cada um decidir pelo amor, vamos abrir espaço para que a verdade se manifeste.

Reconheça-se!

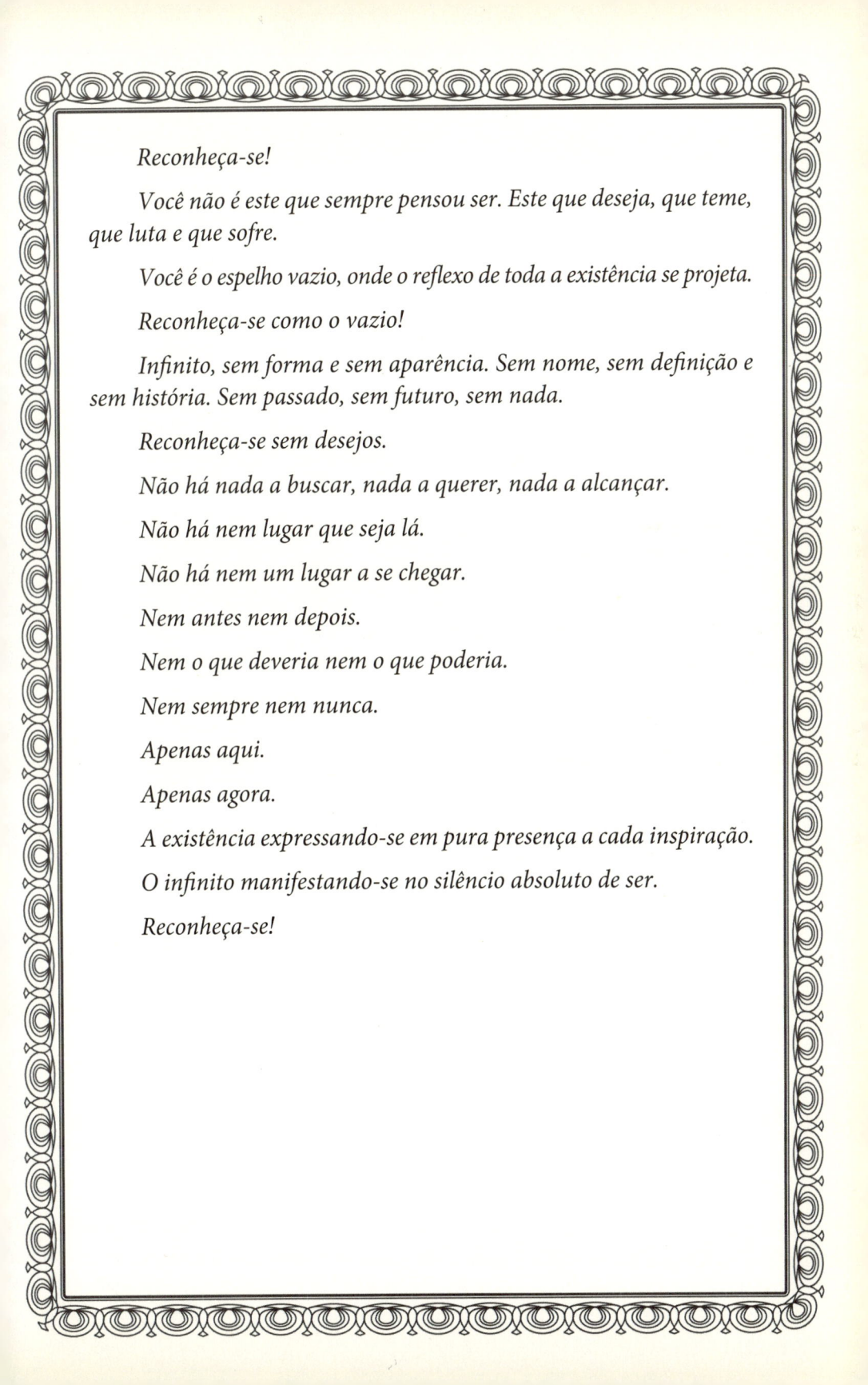

Você não é este que sempre pensou ser. Este que deseja, que teme, que luta e que sofre.

Você é o espelho vazio, onde o reflexo de toda a existência se projeta.

Reconheça-se como o vazio!

Infinito, sem forma e sem aparência. Sem nome, sem definição e sem história. Sem passado, sem futuro, sem nada.

Reconheça-se sem desejos.

Não há nada a buscar, nada a querer, nada a alcançar.

Não há nem lugar que seja lá.

Não há nem um lugar a se chegar.

Nem antes nem depois.

Nem o que deveria nem o que poderia.

Nem sempre nem nunca.

Apenas aqui.

Apenas agora.

A existência expressando-se em pura presença a cada inspiração.

O infinito manifestando-se no silêncio absoluto de ser.

Reconheça-se!

A Natureza das Virtudes

Tenho síndrome de salvador do mundo. Eu me vejo na obrigação de ajudar a todos e me sinto sobrecarregado por isso.

Você acredita ter de sacrificar sua vida e energia em prol do outro, em prol do mundo, por meio de uma obrigação em ajudar. Toda sobrecarga acontece porque, geralmente, você não ajuda o outro desde a consciência. Você o ajuda desde um medo, ou de uma culpa, ou de uma pena que sente por si mesmo e que, por fim, projeta no outro.

Ajuda pela pena

Muitas vezes o que chamamos de compaixão é confundido com pena. Se você vê alguém em uma situação de dor parecida com a dor que já viveu no passado, pode sentir pena dele. Ou pode querer curar sua dor antiga por meio do outro. Você ativou seu corpo de dor e acredita que o outro sente o mesmo.

Ao ajudar o outro, estará inconscientemente acreditando auxiliar sua criança ferida. E se suas feridas são muitas, precisará ajudar muitas pessoas. E assim ajudará incessantemente. Mas sua criança não poderá ser curada. Porque sua criança só existe como memória de um passado ao qual você está apegado. E essa memória está ali, sendo revivida em muitas situações. Mas você não quer olhar para dentro, então se volta para fora e segue projetando seu desejo de cura nas circunstâncias externas.

Essas circunstâncias estão ali apenas e apontando a você o que está dentro. Se não houvesse esse apego a essa memória do passado, você não estaria tão comovido pela história do outro.

Você tem pena daquela pessoa, porque tem pena de si mesmo. Se você a ajuda, sente uma espécie de alívio emocional, mas percebe também que seu corpo fica cansado. Note que está dando sua energia para o outro, e é isso que eu chamo de sacrifício. Muitas vezes, você se projeta no outro e acha que ele precisa de determinado tipo de ajuda. E a verdade é que, às vezes, ele nem mesmo está precisando de auxílio. Até porque a experiência dele sempre vai ser diferente da sua.

Uma vez, eu estava dando uma palestra gratuita e um morador de rua entrou na sala para assistir a ela. Ao terminar a palestra, ele veio falar comigo e me disse: "Amei sua palestra, quero fazer seu curso". Na época, eu ainda estava identificada com algumas crenças de obrigação em ajudar o outro e imaginando que ele não teria dinheiro para pagar o curso, então lhe disse: "Claro! Eu te dou uma bolsa integral". Ele sorriu e me respondeu: "Não. Eu faço questão de pagar. Eu não quero nada que contribua para que me mantenha no lugar do qual estou saindo". Ele estava saindo das ruas.

Naquele momento, entendi que eu estava identificada com o corpo de dor coletivo. Que tinha criado para mim a obrigação de tirar o mundo do sofrimento. Mas quando você se vira para a luz da verdade, não verá sofrimento em nada. Então, será capaz de ver tudo desde a ótica do amor. E todos somos potências de luz se guiados pelo amor.

Temos o hábito de olhar o outro através da lente de nossas histórias. E assim o rotulamos e acreditamos que ele precisa de nossa ajuda. Quando ouvi o que ele me disse, a lente se espatifou e pude ver então a luz divina que ele era, a força real que ele tinha e que, por causa de minhas histórias, não consegui reconhecer.

Ajuda pelo medo e pelo desejo de reconhecimento

Outra forma em que você acredita para ajudar as pessoas é por meio do sacrifício, por ter sido dessa maneira que você aprendeu a receber reconhecimento, principalmente de alguém que ama. Talvez sua criança ferida só tenha recebido amor e afeto ao ter sido boa o suficiente. Então, você precisa provar para o outro e para o mundo o quanto você é bom, caso contrário, será rejeitado ou abandonado.

Essa criança ferida tem um grande medo de ficar só e de perder o amor das pessoas. Sua ação acontece então para que se sinta amada, para que se sinta importante, para que se sinta reconhecida pelo outro. "Veja como eu sou bom, essas pessoas agora estão bem porque as estou ajudando."

Em vez de agir a partir da fonte inesgotável de energia, você acaba dando ao outro a energia do seu corpo e da sua mente, que são limitadas, sentindo-se evidentemente desgastado.

Ajuda pela culpa

Outra questão que o leva a ajudar o outro de forma sacrificante é estar carregando alguma culpa por atos que praticou no passado, e acha que ajudar o outro é um modo de se redimir. Ao ajudá-lo, você se sente uma pessoa boa, mas seu ato na verdade é uma sobrecompensação por ter se sentido mau em algum momento de sua história.

Toda vez que você ajuda o outro por **pena, culpa ou medo**, se sentirá sem energia, pois o fará a partir de suas próprias memórias de dor e não de sua verdade.

Ajuda pela verdade

Quando você olha o outro sem a lente de suas histórias, pode ver sua força, então pode ver o Buda que ele é. Se você puder ver seja quem for como Buda, já o estará ajudando, mesmo que não faça nada. E o primeiro passo para isso é se desapegar de suas próprias histórias. Saber que o seu ser é um ser sem histórias. Sem passado e sem futuro.

Esteja presente e sua luz brilhará em todos os lugares e acordará todos os Budas que estiverem prontos para o despertar. Essa é a real ajuda. Essa é a ajuda que vem do coração, é olhar o mundo desde os olhos de Deus. Isso é amor. E o amor real é infinito. Não se esgota. Por isso, tudo o que você faz a partir dele não tem como ser cansativo.

Compaixão é quando a ajuda vem a partir da fonte de luz inesgotável. Compartilhar com o outro aquilo que é pleno em você é um ato de amor e de compaixão. É Deus agindo por meio de você.

Você não está com pena nem está projetando sua dor interna no outro. Não está nem mesmo julgando a situação pela qual o outro está passando. Você está simplesmente transbordando de amor e, por causa disso, naturalmente ajuda as pessoas. É uma ação leve, sem peso, sem desgaste, não há nem mesmo uma identificação com o sofrimento do outro.

Você sabe que cada um vive aquilo que precisa viver, cada um tem sua história de alma. Não podemos julgar se aquela circunstância pela qual o outro passa é boa ou ruim. Aquilo é simplesmente o que ele está vivendo. Todo julgamento vem da memória da nossa dor interna projetada no outro.

No momento em que for ajudar alguém, pergunte-se: "Estou identificado com a história do outro? Estou agindo por pena? Espero algum reconhecimento? Tem alguma culpa aqui?" Comece a investigar. Você é aquele que carrega o mundo e o outro nas costas por medo, pena, culpa ou obrigação, ou compartilha o amor com aquelas pessoas que percebe que estão abertas para recebê-lo? Você consegue ver o Buda no outro?

Se sim, então não há nenhuma obrigação aqui, não há nenhuma projeção aqui, portanto essa ajuda é real. É a pura energia do amor se expandindo. Quem está aberto sentirá a luz. E se verá como luz. Será luz.

Como não absorver ou carregar a dor de quem amo e me preocupo?

Apesar de sermos todos um, cada um traz em si a sua história de alma e, neste mundo da manifestação do corpo, da mente e da alma, cada um vai ter uma experiência única. E seja qual for essa experiência, seja dor, seja alegria, essa será a experiência perfeita que o levará a Deus.

É claro que não queremos que quem amamos sinta dor. Mas isso acontece porque julgamos a dor como algo ruim, perigoso e que deve ser imediatamente sanado. Por isso nos identificamos com a nossa dor e com a dor do outro e acreditamos que ela deve ser interrompida.

Primeiro, precisamos entender a que dor estamos nos referindo. No caso da dor física, pode ser um sinal de que há um desequilíbrio e de que algo precisa ser integrado para que a harmonia se restabeleça. Nesse caso, é possível que algum cuidado seja necessário. Se, por exemplo, você se machuca, pode ser que precise colocar gelo e, às vezes, até ir a um médico.

Porém, por medo, algumas vezes criamos uma narrativa em cima dessa dor. E aí ela pode ganhar uma proporção muito maior do que a dor real. Não confiamos na capacidade de cura natural do corpo e acabamos por interferir no processo de uma forma artificial que, algumas vezes, potencializa o desequilíbrio.

No caso da dor emocional, a tendência é que se trave um embate, que se fuja ou, no outro extremo, que se apegue a ela a ponto de se confundir com a dor, gerando assim um drama. Outra clareza necessária é saber se a emoção é uma reação pura a algo ou o apego a uma história.

Quando uma criança cai e sente dor, muitas vezes chora. Mas não chora de tristeza por não querer ter aquela dor.

Perceba que estou falando de dois choros diferentes. Um é o choro puro, é a manifestação de uma sensação física. O outro é reação de negação no que diz respeito à dor: "Eu não quero ter dor, não posso ter dor, é errado ter dor, tenho que exterminar a dor, não aceito a dor". Esse é o sofrimento, é a identificação com todas as ideias que você tem sobre a dor, seja física, seja emocional.

No final, cada pessoa vive realmente o que tem de viver, e o que faz com que sofra são os julgamentos e ideias que tem sobre como ela deveria se sentir. Você só para de se identificar com a dor da pessoa que ama quando consegue entender essas nuances e que, às vezes, a dor pode ser uma bênção para o processo daquela alma. Quando consegue ver a força infinita da alma, e não o corpo de dor do outro, você é capaz de ajudá-lo.

Negar a dor e querer fugir dela, em alguns casos, podem reforçar a sensação da dor, a identificação com ela e todos os pensamentos sobre ela, o que só leva a pessoa ao sofrimento. Apontar a verdade é acolher de coração aberto seja lá o que estiver se apresentando.

Não estou dizendo que você não tem de fazer nada para aliviar uma dor física. Você pode até fazer. Contanto que tenha consciência de que sua paz interior não está condicionada a ter de parar e interromper qualquer processo que acontece momentaneamente em seu corpo, mente ou coração.

Por trás da dor existe o amor. A força divina e nobre que sabe que seu corpo é apenas um pequeno aspecto do amor. Faça o que tem de ser feito, seja o que for. Mas deixe que suas ações brotem da verdade, da entrega. Essa é a real libertação do sofrimento. E quando você faz isso, consegue apoiar o outro e todo o universo o apoia.

Algo depende de nós para mudar?

O ego gosta de achar que é ele quem controla a vida. Que é ele quem cria e descria realidades. Elas se criam e se descriam de qualquer forma. Essa é a natureza da vida e de tudo que se manifesta a partir dela. Tudo muda o tempo inteiro e de qualquer forma.

Observe uma mangueira, por exemplo. Elá dá manga porque isso é inevitável para ela. Esta é a sua mais pura e nobre expressão na terra. A diferença é que ela não tem uma mente que questiona isso. Que fica escolhendo em que data dará mangas e quantas mangas virão. Ela, na verdade, não precisa fazer nada para isso. Nunca se confundiu com uma goiabeira e entrou em uma crise de identidade, achando que precisava fazer algo diferente.

Nós, humanos, temos uma mente, e a mente é constituída de ideias que querem interferir em nosso processo natural de florescimento. A mente decidiu governar nossas ações e, por causa dela, estamos aqui sendo o que somos, mas pensando que somos algo diferente. Isso gera resistência.

Mas se você estiver consciente de que quem governa sua vida é seu coração e não sua mente, você vive sua expressão pura e, naturalmente, floresce. O florescimento nunca pode vir de ideias ou ações predeterminadas, nem mesmo de uma compreensão teórica. A vivência não tem nada a ver com teorias. A mente gosta de teorias. Gosta de significar, entender, definir, mas o amor não precisa ser compreendido, apenas vivido.

Mesmo que logicamente o que eu lhe digo não faça sentido, você sabe. O coração sabe. E concentrados no coração, a real mudança acontece, independentemente de nós (mente).

Basta uma faísca de luz e toda a escuridão desaparece. Essa é a luz que desfaz as confusões da mente. E é aí que nossas histórias, nossos desejos, expectativas e medos perdem seus sentidos de existência. E mesmo que ainda apareçam como fenômenos, não caímos mais no falso encantamento.

Como desapegar? É algo que vem de uma decisão?

Nós, humanos, pensamos: "Eu decido o que quero para a minha vida". "Eu decido o que é que vou conquistar." "Eu decido isso, eu que escolho."

Se você é esse que está decidindo tudo que acontece na sua vida, a partir de que referências e condicionamentos o faz? E por que, então, tantas vezes você se frustra com o resultado de suas escolhas? Quem é esse que está escolhendo?

Existe uma força atuando independentemente de suas escolhas, e experimentamos isso todas as vezes que nos frustramos. E o que acontece se não há escolhas? Se você não tem escolhas, a vida ganha um novo sentido.

Você se dá conta de que no seu relaxar você já tem tudo. Aqui e agora é onde tudo está.

Então, desapegar não é desapegar de sentimentos ou objetos, incluindo pessoas, lugares, ou seja lá o que for. O real desapegar é descolar-se da ideia de que você é esse que tem esse sentimento ao qual quer se desapegar. Em vez de desapegar do sentimento, desapegue de suas ideias. Ideia de que você se limita a um corpo, a uma mente e a um sentimento.

Enquanto existir um corpo, os sentimentos vão aflorar nele. Enquanto existir uma mente, os pensamentos vão aflorar nela. E não há nenhum problema nisso. Quem é esse que está percebendo o sentimento se manifestando nesse corpo? Quem é esse que tem um corpo? De onde tudo isso surge? Quem é você?

Ao se perguntar sobre isso, o desapego começa a acontecer. Você começa a mudar o foco. Do corpo para a consciência, até que se dê conta de que seu corpo e todas as manifestações que nele acontecem nascem do **ser consciência** que você é. Até que se dê conta de que não está apegado a nada.

Como ser indiferente às circunstâncias?

Por que você quer ser indiferente às circunstâncias? Como seres humanos neste mundo do manifesto, não estamos indiferentes a nada. Querer estar indiferente vem de um medo e de um desejo de fuga.

Você pode reagir ou não a uma circunstância. Mas esteja consciente de que é apenas uma circunstância. Observe suas ações diante dela. Você age por meio da consciência e do amor, ou pelos seus condicionamentos e julgamentos dessas circunstâncias? Se você reage a uma circunstância, pode ser por temer acionar seu corpo de dor. Caso contrário, não daria tanta importância a ela.

E mesmo que você se identifique com os sentimentos gerados por uma circunstância, o que importa é se está consciente ou não do corpo de dor que ela aciona e de sua identificação com ele.

Vulnerabilidade exige coragem?

Seu primeiro impulso vai ser querer fugir do sentimento de vulnerabilidade. E isso acontece porque você acredita que para se sentir seguro tem de ter referências claras sobre tudo. E quer que essa clareza seja desenhada pela mente por meio de uma compreensão lógica. Mas sua mente é configurada por crenças, portanto, qualquer que seja sua compreensão lógica sobre a vida, ela será limitada.

Quando seu coração está aberto, você fica por um tempo sem uma compreensão lógica sobre as coisas. Você adentrou o vazio onde todas as possibilidades habitam. De onde todos os fenômenos emergem. Portanto, é desse lugar do vazio, do não saber, que a pura verdade emerge.

Sim, em um primeiro momento você acredita precisar de coragem. Apenas para o primeiro passo. Até que perceba que é nesse vazio que reside a segurança e a paz que procura. Mas você aprendeu a procurar isso nas coisas instáveis. Naquilo que passa, que são suas crenças.

Você crê que, por ter transformado as crenças negativas em positivas, agora é forte. Você julga saber o que é força. Mas também percebe que às vezes se sente fraco e acredita que vulnerabilidade é sinal de fraqueza. Porém, a força que você busca está em sua disposição de adentrar o vazio que tudo cria, mesmo que isso traga ao seu corpo a sensação de vulnerabilidade.

No início, você pode achar que necessita de coragem para abrir seu coração. Mas, na verdade, você precisa é de esforço para se manter com o coração fechado, sentindo essa "falsa segurança" que você chama de força.

Algumas vezes, você cria personagens "incríveis, imbatíveis, invencíveis". Mas isso que você chama de força é medo de abrir o coração e perder o controle. Você acha que há risco nesse vazio. Risco de estar desprotegido, de ser invadido, risco de não saber lidar com o novo, risco de morrer, de se apaixonar, de tudo ser diferente daquilo que você tinha acreditado e planejado para sua vida. Risco de não se reconhecer nesse novo. Risco de nunca mais voltar a ser quem você era.

Mas eu digo: o arriscado é ficar sustentando com unhas e dentes as estruturas instáveis que você criou para sua vida. Você quer manter aquilo que acredita lhe dar segurança, mas no fundo sabe que não tem como ter garantias a respeito de nada.

Por que você acredita precisar de coragem para ser quem é, sendo que você já é? Essa é sua natureza, é seu lugar sagrado, sem histórias. Esse vazio é o amor. Não há riscos no amor. Não há medo no amor. Se você se enamorar da vulnerabilidade, permitirá que suas ações emerjam do amor. Isso é consciência. Isso é liberdade. Isso não passa.

Como confiar se sempre que eu confio algo dá errado?

Muitas vezes, você planeja um monte de coisas em sua vida e o resultado nem sempre sai como o desejado. Por mais que você faça tudo da melhor maneira e se esforce, sempre tem alguma coisa que sai diferente do planejado. E quando isso acontece, você acaba se sentindo frustrado, ou culpa alguém, ou até se sente culpado.

Uma das questões humanas é a de que não queremos acreditar que a vida não está em nossas mãos. E que não controlamos absolutamente nada do que acontece. Mas, às vezes, o desejo de controle é tão grande que você não consegue nem mesmo relaxar e deixar a vida fluir.

"Mas e se a vida não fluir como quero? Como posso confiar e relaxar? E se as coisas derem errado?" Você quer ter certeza de que tudo aconteça como você quer para que então confie. Mas isso não é confiança. É medo.

Você não precisa que Deus lhe prove algo para daí, sim, confiar. Confiar é saber que seja o que for que a vida lhe traga é o perfeito para que você olhe para si, mesmo que isso esteja além de seus desejos. Mesmo que esteja além do seu controle.

Você tem uma ideia de que se as coisas saírem do seu controle vai ficar vulnerável, e de que se você estiver vulnerável vai perder seu poder pessoal. Isso pode trazer à tona muitas das crenças que você inconscientemente carrega. De que ser vulnerável é ser fraco, de que as pessoas podem deixar de reconhecer seu valor, podem deixar de amá-lo, podem julgá-lo, invadi-lo, matá-lo... Enfim, são inúmeras crenças que o impedem de baixar a guarda que você chama de proteção. Existe, então, um medo enorme. Por isso, você busca provas para confiar no outro. Para confiar em Deus.

Você quer agarrar as experiências que lhe trazem um sentido de segurança e que lhe provem que está seguro. Mas tudo o que se pode provar é ilusório. Não há como haver provas do que é verdadeiro. Como posso lhe provar que a lua está no céu? Não há provas no amor. Caso contrário, não seria amor, e sim medo.

Queremos eternizar as experiências que denominamos prazerosas por medo de perdê-las. Mas a verdade é que toda experiência é passageira. Desejamos conquistar o mundo para obter valor e reconhecimento. Mas tudo que pode ser obtido será perdido. Portanto, relaxe. Nada precisa ser do jeito que você quer para que seja perfeito. Tudo já é perfeito exatamente como é.

Se você relaxar, poderá ver perfeição em tudo que existe. Relaxar não significa fazer de qualquer jeito ou não fazer nada. Relaxar quer dizer que suas ações não vêm de um lugar de tensão, de desejo de controle. Relaxar significa estar presente, observando os movimentos que emergem da sua união com Deus.

Deixar fluir é não resistir a nada que a vida lhe traz. É saber que a vida é imprevisível, é se abrir para as suas inúmeras possibilidades. É permitir que as coisas aconteçam por meio de você e que suas ações sejam desapegadas de resultados. A vida fica leve quando você solta as rédeas do controle e sabe que tudo é perfeito exatamente como é.

Uma vez uma pessoa me perguntou: "Como faço para deixar a vida fluir?". E o que respondi foi: me explique como você faz para que ela não flua. Porque por mais que você coloque pedras para evitar que as águas de um rio fluam, elas irão contorná-las. A natureza da vida é fluxo. Então, relaxe. Deixe o fluxo acontecer. Não se apegue aos objetos de seu desejo, pois eles estarão em constante movimento.

Qualquer satisfação de seus desejos será apenas passageira e lhe trará uma falsa sensação de segurança. Você só pode se sentir seguro quando percebe que nada é passível de controle. Quando você se entrega com confiança ao amor, flui com tudo que a vida lhe traz, e para de ficar brigando e frustrando-se com aquilo que na vida está se apresentando.

Como saber se o que estamos expressando vem da nossa essência ou dos nossos condicionamentos?

Toda expressão condicionada vem por meio de um esforço ou de um sacrifício. Ainda assim são manifestações do ser essencial. O que se expressa, se expressa naturalmente. Não existem hesitações a respeito. Acontece por ser inevitável, portanto, não vem dos desejos do ego.

É você de braços abertos para o inevitável. Não necessariamente vai lhe trazer a felicidade esperada que deseja viver apenas o lado bom das coisas. Mas o ser real não vê lados. E, por isso, acolhe com primor tudo o que em sua vida se apresentar.

Se vemos a vida desde o viés de nossos condicionamentos, estaremos sempre querendo satisfação. Esse é um dos indicadores de que estamos sendo guiados pela mente. Outro indicador é que estaremos sempre argumentando ou buscando justificativas para tudo o que nos acontece.

Quando o coração guia, você não consegue explicar, não sabe nem mesmo por que algumas coisas acontecem. Nada se justifica e, ainda assim, tudo faz inexplicavelmente sentido. Não existem mais dúvidas, apenas um relaxamento absoluto na consciência.

Como colocar o ego a nosso serviço?

O ego é a identificação com os pensamentos que se manifestam na mente a partir de ideias e crenças que temos sobre as coisas. Se você constrói seu EU a partir dessas ideias e se identifica com todos os condicionamentos que elas criam, está vivendo a partir do ego.

Inspirada na medicina chinesa, vou explicar esse fenômeno usando uma história que nos ajuda a compreender a construção do ego e o domínio que ele quer exercer, ao se apropriar de sua mente e corpo.

Há milhões de anos, um dos tratados da medicina contava que o coração era o órgão que imperava sobre todos os outros órgãos, entranhas, sangue e células do corpo.

E como todo imperador, ele tinha um conselheiro.

O coração era o único capaz de ler seus desígnios celestes, ou seja, os dons para os quais você foi designado por Deus. Mas como o imperador não conhecia as malícias deste mundo, ele precisava que seu conselheiro o orientasse a agir para que assim pudesse manifestar seus desígnios celestes.

O conselheiro do imperador era então a mente. E a mente aqui representa a atuação de diversas estruturas de pensamentos no mundo do relativo.

Porém, na história, em dado momento o conselheiro dá o "golpe de estado" e "toma o poder".

Assim, passamos a ser guiados pelas crenças que temos a respeito da vida, e mudamos nosso centro do coração para a mente.

Esse é o nascimento do Ego. Passamos a ser guiados pelas estruturas egoicas que são formadas por padrões, crenças, ideias e histórias, nas quais nos apegamos e por meio das quais reagimos à vida. Perdemos o foco no amor e adormecemos para a verdade.

O imperador, que é o coração, precisava do conselheiro para operar no mundo do relativo. Mas o conselheiro deveria estar a serviço do imperador, pois do contrário ele se sobrepõe ao coração e acaba por criar conflitos e sofrimentos.

O "golpe de estado" acontece quando você acredita ser esse que tem todas as histórias e crenças que formam a estrutura de seus pensamentos. Mas de uma forma ou de outra a vida vai lhe trazer, aos poucos, situações para que se dê conta de que você é o coração que pulsa, não a mente que quer sempre estar no controle. Seu coração estará sempre aqui. E ele é o único que sabe da verdade.

Você, como ego, pode até achar que consegue escapar da verdade e fazer tudo para isso. Mas será inevitável que o coração impere, o que vai acontecer mais cedo ou mais tarde. E quando se render à verdade, a luz infinita que é sua natureza brilhará em você, e a mente poderá então voltar para sua preciosa função de estar a serviço do amor.

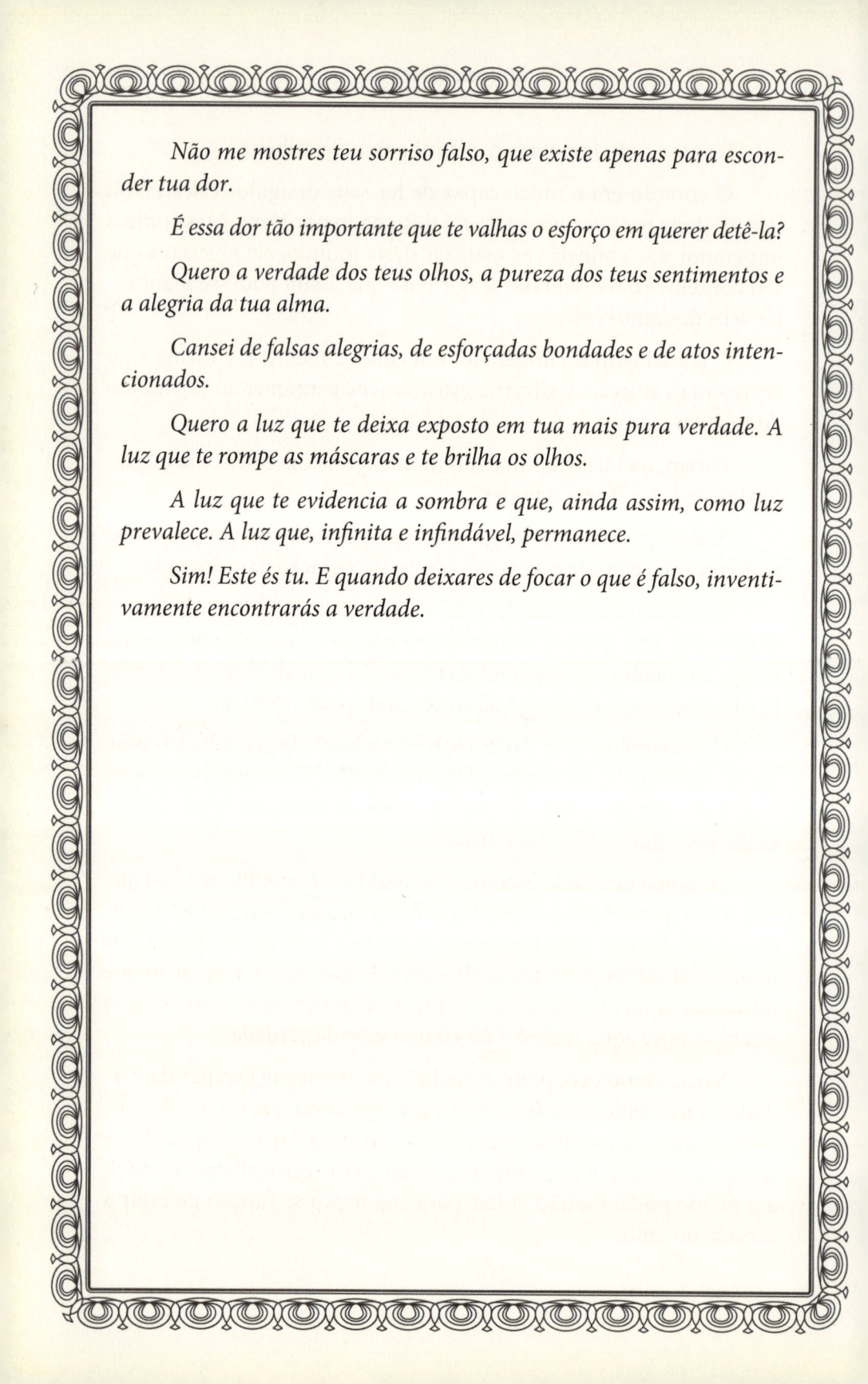

Não me mostres teu sorriso falso, que existe apenas para esconder tua dor.

É essa dor tão importante que te valhas o esforço em querer detê-la?

Quero a verdade dos teus olhos, a pureza dos teus sentimentos e a alegria da tua alma.

Cansei de falsas alegrias, de esforçadas bondades e de atos intencionados.

Quero a luz que te deixa exposto em tua mais pura verdade. A luz que te rompe as máscaras e te brilha os olhos.

A luz que te evidencia a sombra e que, ainda assim, como luz prevalece. A luz que, infinita e infindável, permanece.

Sim! Este és tu. E quando deixares de focar o que é falso, inventivamente encontrarás a verdade.

Encontro com a Verdade

Como nos libertarmos da culpa e do medo que às vezes surgem até quando desfrutamos a felicidade por um momento?

Tudo que lhe disseram sobre você e que tomou como verdade acaba guiando seus pensamentos e atitudes nesta vida. Nossos pensamentos e sentimentos estão condicionados às referências externas que temos sobre nós. Isso vem de nossos ancestrais. Se, por exemplo, a família inteira acreditou que a vida é ruim, é perigosa, é dura, nós como egos acabamos reproduzindo isso em nossas vidas como um padrão.

E no momento em que começamos a acreditar em tudo isso que nos disseram e a criar nossa identidade a partir dessas crenças e condicionamentos, acabamos nos perdendo do essencial. Acabamos investindo nossa vida a alcançar um objetivo de ser feliz.

Esse objetivo está sempre em um lugar que não é agora. Dizemos: "Depois de me aposentar vou ser feliz, depois de juntar muito dinheiro vou me sentir seguro, depois da festa de aniversário começo minha dieta, depois de emagrecer vou arrumar um namorado".

O ser feliz vem sempre depois. Nunca agora. E está sempre condicionado a alguma coisa. Então, vamos criando condições para sermos felizes. A felicidade condicionada não é real, é uma felicidade passageira e frágil.

É por isso que, quando chegamos a um objetivo, sentimos alegria, mas reconhecemos ali também o sentimento de medo. Medo porque em algum lugar dentro de nós sabemos que essa alegria vai acabar. Então, você vive a alegria com o medo de que ela passe, com a culpa por vivê-la sem estar sendo fiel à verdade.

E com esse medo e essa culpa presentes, a partir do momento em que essa alegria começa, também há um grande esforço para mantê-la. Então, criamos muitas formas de segurá-la. Simplesmente porque essa felicidade foi conquistada pelas minhas crenças e não pela minha real identidade.

A identidade condicionada é limitada, não consegue tocar a felicidade plena e ilimitada. Felicidade plena é aquela sem causa e condição. Não necessitamos de nada para senti-la.

A felicidade que nos é vendida nas propagandas dura pouco e, quando acaba, você volta para o sofrimento e de novo quer conquistá-la. Você fica nesse ciclo infindável, buscando algo que nunca será encontrado.

Porque essa é Roda de "Samsara". A Roda de Samsara é um conceito budista sobre os processos evolutivos e involutivos de tudo, do macro ao microcosmo. Ela funciona dentro dos mecanismos da dualidade. Você chega a um extremo, que é a alegria, e vai para o outro extremo, que é a tristeza.

Só há uma forma de viver a felicidade. Tomar consciência de que não é possível reconhecê-la enquanto estiver sendo guiado pela roda. A Roda de Samsara é guiada por um tempo mental, que se configura pelo que conhecemos como passado e futuro.

O que você vive no passado lhe gera medo ou desejo. Você quer repetir as experiências de prazer e fugir das experiências de dor. E isso lhe gera muitas ideias do que é um futuro perfeito. Mas as ideias que você tem sobre o futuro só existem na mente. Quando você percebe a natureza ilusória da roda, a mente deixa de imperar e, então, você se torna presente.

Na presença não há dualidade, apenas unidade. Você, então, se torna um com tudo que é.

Sem dualidade não existe eu e você, não existe mais separação, existe apenas unidade. A mente ainda opera na dualidade. Essa é sua natureza. E não temos como mudar a natureza das coisas. Se você insiste nisso, você se frustra.

Você pode mudar a sensação do corpo, por exemplo. Se tomar um remédio para dor de cabeça, você melhora. Como a dor de cabeça é uma expressão mutável e temporária, sempre pode mudar. A natureza do corpo, da mente e das emoções é essa. Assim acontece com tudo que se manifesta. Faz parte da natureza em si. E se você olhar para a natureza, as plantas, os animais, a lua, as estações, tudo está em constante movimento. De expansão e de contração. Mas se isso é natural, por que nos preocuparmos em interferir com nossa mente no processo?

Você pode até achar que pode fazê-lo, mas lembre-se: toda experiência gerada pela mente é passageira. Quando você foca sua real natureza, começa a parar de querer mudar todas as experiências do corpo e da mente. Você pode fazer algo para mudar a experiência, mas sem expectativa de alcançar certos objetivos e sem apego ao resultado.

Você pode mudar e ter resultados de êxtases, ou mudar e não ter resultado nenhum. Ou não mudar e ser surpreendido por resultados incríveis. Nessa roda, você tem milhões de possibilidades. Elas só têm uma coisa em comum: são todas passageiras.

As experiências que estão acontecendo nesse corpo e nessa mente vão acontecer de qualquer forma; às vezes, você vai se irritar com uma situação, ou ficar feliz com outra, e vai passar por emoções, sensações, sentimentos, mas nada disso poderá defini-lo.

Não é possível definir ou rotular quem é você. E quando tira o foco das experiências e o coloca no que é anterior a elas, percebe que tudo está bem. Daí, você vive a felicidade pura, sem culpa, sem medo. E não será uma sensação, porque toda sensação é limitada. E nenhuma palavra poderá expressar isso, porque mesmo as palavras serão limitadas.

Elas até podem apontar, mas não definir. É um se dar conta. Um se dar conta de que tudo é perfeito como é, mesmo na roda da dualidade, quando tudo está mudando. Qualquer que seja o tipo de experiência que você esteja vivendo, é apenas uma experiência. Não deveríamos dar tanta importância assim para as experiências, uma vez que elas não são capazes de nos definir.

Você é o Ser imutável. Um com tudo que é. O sol continua nascendo e se pondo; a água da cachoeira continua caindo; o universo continua em movimento. Muito mais simples do que jamais pudemos imaginar. Relaxar na presença é simplesmente *Ser Consciência*.

Ao tirar os véus da ilusão, a verdade naturalmente floresce. Sem esforço, sem expectativas, sem ansiedade, em uma atitude de amor, um amor profundo com todas as expressões de vida. Isso é comunhão com Deus.

Quando você se cansar do mundo, eu estarei aqui.

Não me importa seu nome nem mesmo o que você faz.

Não me importam suas derrotas nem mesmo suas conquistas.

Não me importam seus medos nem mesmo seus desejos.

Olharei nos seus olhos e saberei quem você é.

Olharei nos seus olhos e nos tornaremos um.

Até que não haja mais aquele que olha nem aquele que é olhado.

Até que só haja LUZ.

Além da Dualidade

E o que faço com os aspectos negativos que existem dentro de mim?

Qualquer aspecto que você julga ser negativo é apenas um dos aspectos da sua humanidade.

Aprendemos desde pequenos a negá-los. Queremos ser generosos, simpáticos, amorosos, fortes, corajosos, compassivos, bons.

Posso listar aqui muitas das virtudes que almejamos. Mas muitas dessas virtudes nos foram ensinadas como ideias. Esquecemos que essas virtudes fazem parte de nossa natureza divina e, por isso, se expressam naturalmente quando vivemos a partir delas.

Mas o que geralmente acontece é que passamos a vida buscando viver essas virtudes a partir de ideias que temos sobre elas, e nossas ideias são aprendidas, portanto, distorcidas. Pouco sabemos sobre a verdade das virtudes, mesmo sendo expressões autênticas de nossa natureza essencial.

Confundimos compaixão com pena, bondade com sacrifício, simpatia com falsidade, força com controle, amor com posse. E vivemos essas virtudes de forma equivocada e condicionada.

Ao mesmo tempo, negamos o que nos ensinaram como pecado, erro, maldade. Nós nos partimos em dois. Buscamos e incluímos o bom, e negamos e excluímos o ruim. E esquecemos o que é real.

Você reforça tudo o que quer excluir de sua vida. Quando você quer excluir algum de seus aspectos, significa que já se definiu sendo esse aspecto. Caso contrário, por que o excluiria? Quem quer excluir esse aspecto do seu ser? Porque se você é consciência, você inclui tudo. Quem quer excluir é a mente. Ela quer excluir um aspecto dela mesma. Ela quer lutar e fugir dela mesma. Mas isso não é possível. Então, o primeiro passo é estar consciente dos sentimentos e dos pensamentos que o atravessam.

Eles não precisam nem mesmo ser liberados, transformados. Necessitam apenas da liberdade de ser, sem julgamentos. Você sabe que eles são impermanentes e, portanto, têm um tempo próprio de existência. Se você sobrevaloriza o que quer que apareça em sua consciência, estará alimentando-o.

E até mesmo as virtudes que você busca para substituir os sentimentos, os pensamentos e as sensações que nega são expressões naturais do seu ser, portanto, você não precisa nem mesmo se preocupar em buscá-las.

Uma vez que o que é impermanente passa, o que se expressa vem de sua real natureza, e ela, por ver Buda em todos, será boa. E ela, por ser uma com o outro, será compassiva. E ela, por ser a própria fonte de tudo que se manifesta, será forte. E ela, por incluir tudo, será amorosa. E ela, por vencer tudo, não precisará de coragem. As virtudes construídas e aprendidas até podem elevar a vibração dos aspectos humanos do ser, contanto que você não se orgulhe delas, alimentando assim o ego.

Uma das consideradas mais nobres virtudes é a compaixão. Compaixão não é algo que possa ser ensinado. Compaixão é o que se expressa quando você se dá conta de que não é um ser separado de todas as manifestações divinas. Compaixão é algo que se expressa quando você vê amor em tudo que se manifesta.

Não existe separação entre você e o outro. Você sabe que ele é o espelho de você mesmo. Sabe que quando tem raiva de alguém, é de si mesmo que tem raiva. Então, começa a fazer algo por alguém não por pena. Você não se sacrifica mais por ninguém. Dá a mão para o outro porque conhece a luz dele. Porque sabe que quando ele puder vivenciá-la, viverá na mesma paz que você encontrou.

Você sabe que não tem de provar suas virtudes para ninguém. O que é seu se expressa sem esforço. E quando você está consciente da luz infinita que é, naturalmente se relaciona com o mundo de uma forma amorosa. O amor apenas transborda de você.

O que é "ir para dentro"?

Muitas vezes utilizo a expressão olhar para dentro, no sentido de mudar o foco do ego para a nossa real identidade. Mas preciso deixar claro aqui que são apenas referências de linguagem para ideias que temos de que a paz necessita ser buscada longe de nós, fora de nós.

Quando digo "dentro", estou falando desde a perspectiva da consciência, não desde a perspectiva do EU, corpo, mente e Ego.

E a consciência inclui tudo, o Eu, corpo, mente e Ego, e todas as manifestações e expressões de vida. Não há exclusão de nada. Dizer, então, que está tudo dentro nos dá um senso de inclusão, de unidade.

Mesmo aquilo que você nega e chama de sombra ainda é luz. As dores, os desafios, o humano em nós. Tudo está incluído na luz do amor. O fora, então, deixa de existir. Tudo aponta para dentro.

Mas, no fim das contas, na perspectiva da consciência, não há nem mesmo dentro ou fora. Há apenas o que É.

Estou sempre em altos e baixos no que diz respeito aos sentimentos. Um dia estou bem, no outro parece que meu mundo caiu.

Muitos de nós se sentem vítimas de sentimentos. Em um dia estamos felizes, no outro estamos tristes; em um dia amamos alguém, no outro temos raiva. São muitos sentimentos que vêm e que vão. Então, você começa a se apegar a esses sentimentos e a vida se torna ora sofrimento, ora êxtase. O sofrimento nada mais é do que o apego a sentimentos de que você não gosta. Mas você diz: "eu não estou apegado aos sentimentos ruins". No exato momento em que os julga como ruins, você já se apegou.

Apego não é estar apaixonado por um sentimento. Apego é estar identificado com ele, tomando-o como sua identidade. "Eu sinto uma tristeza, eu estou triste." E em uma instância ainda mais arraigada, "eu sou a tristeza".

Quando você começa a querer se livrar de um sentimento, na verdade está fortalecendo-o. Por exemplo, você está com ciúmes, mas fala para si mesmo: "Não, não estou com ciúmes, não quero sentir isso", então de alguma forma abafa essa emoção. Na verdade, existe um sentimento de ciúmes ali, e ele não só está ali, como também vai ficar até que você se torne consciente dele. Pode até se amenizar, mas daqui a pouco alguma situação o aciona novamente. Você não está acolhendo esse sentimento. Você está negando-o. E tudo o que você nega se mantém em sua vida.

Pode ser que você faça o contrário. Comece a ter ataque de ciúmes, a expressar esse sentimento de um jeito desequilibrado e projetar no outro a dor que acredita que ele causa em você, como se o outro fosse o culpado por ela. Se você projeta a responsabilidade por seus sentimentos em alguém, também vai estar fugindo e, consequentemente, alimentando esses sentimentos. Quando você projeta e não se responsabiliza por eles, acaba assumindo o papel da vítima e começa a ser engolido por esses sentimentos, aumentando a sua identificação com eles.

Então, você começa a transitar por esses extremos. Ou você suprime os sentimentos, fingindo que não existem, ou passa a alimentá-los porque, de alguma forma, eles lhe dão uma sensação de estar vivo.

A primeira coisa a ser feita é parar de lutar contra esses sentimentos, parar de querer que eles passem. Para isso, você precisa compreender que nenhum sentimento é de fato o causador de sua infelicidade. Eles são apenas mecanismos perfeitos que seu corpo cria para elaborar certas experiências que a vida lhe traz.

Imagine uma pessoa sem tristeza. Como ela vai elaborar a morte de um ente querido? Então, o primeiro passo é dar as boas-vindas aos sentimentos. Deixar que existam sem que você interfira com sua mente em seu processo de existência. O corpo é sábio e sempre vai buscar o autoequilíbrio, e quanto menos interferência mais será possível que a sabedoria atue.

Esses sentimentos não são seus. Eles passam pelo seu corpo. Mas não o definem. Permita, então, que eles aflorem e se mantenha presente, consciente deles. Esteja consciente não apenas das sensações que esses sentimentos lhe trazem, mas também dos pensamentos que emergem com eles.

Vamos seguir no exemplo do ciúme. Junto a esse sentimento vai vir o desejo de não senti-lo. Esteja presente e consciente desse desejo. Não lute nem mesmo contra o desejo de que um sentimento não esteja ali, porque isso é um pensamento que pode lhe gerar um novo sentimento.

Pode ser que venham pensamentos sobre o sentimento: "Esse sentimento é um sentimento ruim, me faz mal, esse sentimento está me destruindo". O pensamento sobre o sentimento é o que determina sua intensidade.

Podem vir desejos de fazer alguma coisa. Por exemplo, um desejo de gritar. Pode vir um julgamento sobre esse desejo de gritar. Uma voz que diz: "é feio gritar". Às vezes, vem a vontade de fugir. E também pode vir o desejo de sucumbir a todos esses desejos e realmente assumir a vítima, já que muitas vezes você acredita que o drama lhe traz um senso de EU, dando um sentido à sua existência.

Se puder estar presente e consciente de todos esses fenômenos que se manifestam em e através de você, verá o quanto sua mente é construída por múltiplos pensamentos que buscam trazer uma razão para tudo que acontece com você.

Quantas vozes falando em nós! E qual delas escutar? E qual delas seguir? Se você prestar atenção, verá que todas elas estão mudando. Aparecendo e desaparecendo. Mas quem é esse que está percebendo todos esses pensamentos? Quem é esse que está sentindo tudo isso? Quem é esse que está querendo se livrar de sentimentos ou de pensamentos sobre as emoções?

O que faz com que esses pensamentos e sentimentos perdurem é a sua ação de alimentá-los ao tentar suprimi-los, que pressupõe o apego à ideia de que somos constituídos por esses sentimentos e pensamentos. "A minha tristeza." Mas a tristeza não é sua. Ela é apenas um dos mecanismos humanos que passam pelo seu corpo para lhe lembrar da consciência. Portanto, o sentimento não é ruim. É o apego aos pensamentos que temos sobre esses sentimentos que os tornam sofrimento e drama.

As pessoas têm muito medo de se sentirem vulneráveis, porque elas associam vulnerabilidade à fraqueza. Você aprendeu que o mundo é dos fortes e poderosos. Além disso, aprendeu que deveria apenas permitir os sentimentos considerados bons e negar os considerados ruins. Então, criou uma obsessão por sentimentos que julga bons, como alegria, paixão, prazer, felicidade, e nega os que julga ruins como raiva, medo, angústia.

Os sentimentos, sem as referências que você tem sobre eles, são apenas sentimentos e têm uma clara função. Eles são uma chave. Uma chave na mão pode abrir uma porta, uma chave perdida na bolsa é apenas um objeto, às vezes pesado, dependendo do tamanho da fechadura da porta. Esvazie a bolsa e encontre a chave. Ela abrirá as portas do seu coração.

A existência está o tempo inteiro lhe dando a chave e lhe mostrando a porta do amor. Mas você se recusa a ver. Acostumou-se a se distrair com as tantas coisas que foram parar na sua bolsa. E agora ela está pesada. Você mal consegue carregá-la. Quem dirá encontrar a chave em meio a tudo isso a que se apegou. Esvazie a bolsa. A porta está na sua frente.

Alguém lhe falou que você não podia sentir raiva, e você colocou esse sentimento lá, no compartimento mais fundo da bolsa. Mas a vida vai sempre lhe trazer a situação perfeita para que se lembre de que aquela raiva também é uma chave. A chave é dada, a porta está na sua frente. Cabe a você abri-la.

Como sentir o silêncio quando estou no agito do dia a dia?

Isso acontece porque você ainda está preso a um conceito de paz. E ainda tem ideias sobre o que é estar em silêncio. E ainda acredita que isso deva ser alcançado em algum lugar fora de si. Todos os barulhos e as distrações estão dentro de você. E quando você compreende isso, o silêncio acontece.

As pessoas acham que se colocarem uma música zen e ficarem em silêncio a paz se instala. Mas o silêncio não é a ausência de palavras nem acontece apenas na não ação. Você pode estar no alto dos Himalaias e achar que todos os problemas acabaram. E sente uma paz que nunca sentiu antes na sua vida. Depois você desce das montanhas dos Himalaias, vai para o centro de uma cidade grande e pronto. Onde está aquilo que você acreditou que era a paz eterna? Era paz mesmo ou apenas um sentimento passageiro de bem-estar?

Tudo bem ter sentimentos passageiros. Tudo bem poder parar, silenciar e sentir essa paz.

Porém, não se apegue a essa paz como algo definitivo. Não se pode chegar à paz. Ela já está aí. Com som ou sem som, ela está aí. O silêncio real não pode ser afetado por nada. Em qualquer lugar, a qualquer hora e em qualquer circunstância ou relação, a paz está lá. Aí você pode pensar: mas como é possível estar em paz com tantas distrações, barulhos e informações?

Se você prestar atenção, vai perceber que muita gente silenciosa tem uma mente tagarela. Assim como há pessoas que estão no centro de uma cidade completamente presentes e silenciosas. Quando você vivencia o silêncio, não importa mais o que acontece em sua vida.

Você não precisa parar tudo. Isso não é uma condição para a paz. Aliás, pode continuar fazendo tudo que você faz.

O silêncio do qual estou falando não tem condições para existir. Ele é a sua natureza. É inabalável por qualquer barulho e som. Ele não está subjugado ao agito do dia a dia. E você não precisa nem mesmo ir aos Himalaias. Reconheça essa paz onde estiver, e saberá então que ela é sua.

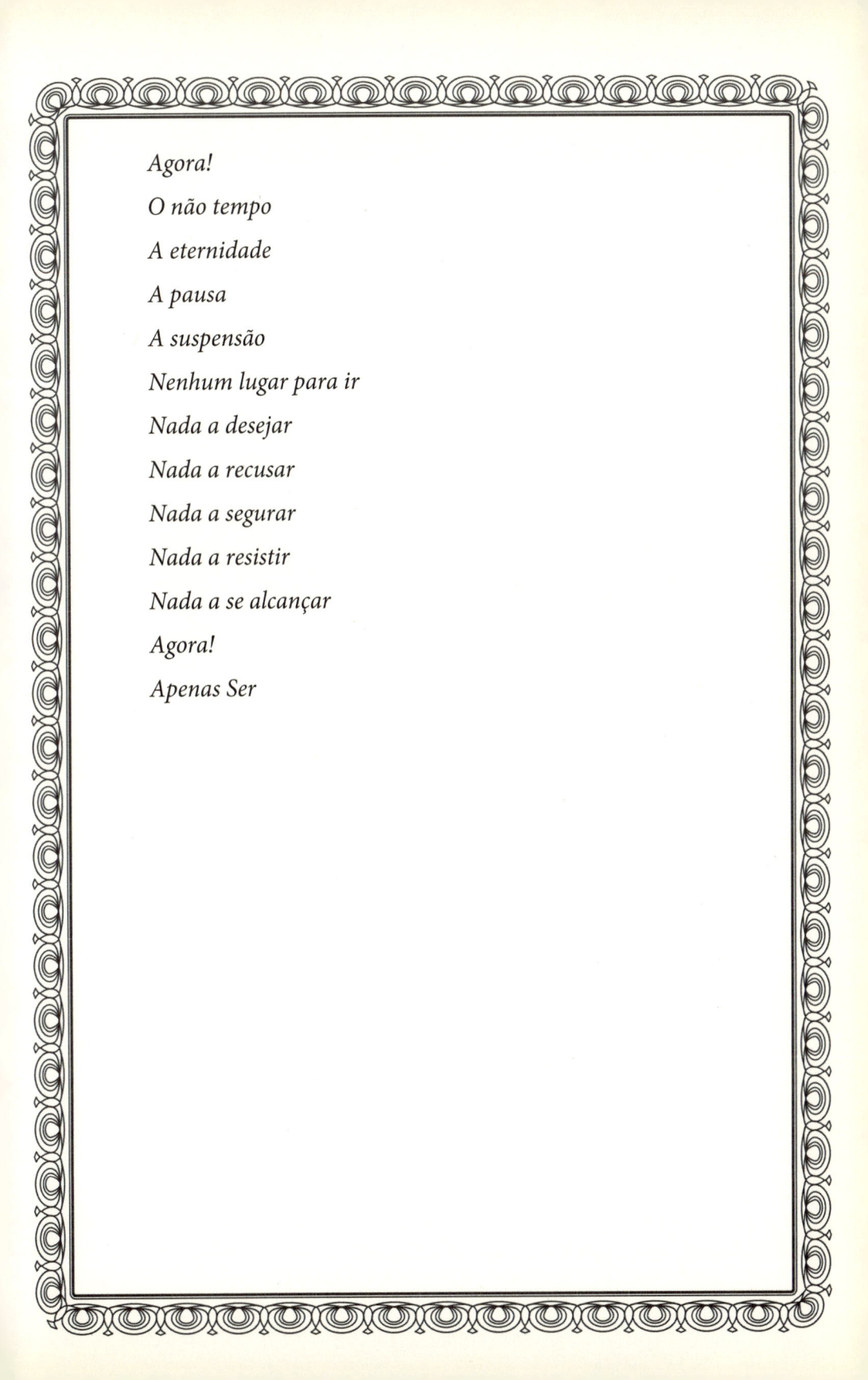

Agora!
O não tempo
A eternidade
A pausa
A suspensão
Nenhum lugar para ir
Nada a desejar
Nada a recusar
Nada a segurar
Nada a resistir
Nada a se alcançar
Agora!
Apenas Ser

Uma Viagem
para Além do Tempo

Como fazer para não ter expectativa?

Tudo bem você ter expectativa, o ser humano tem expectativas. Seu corpo tem desejos, sua mente tem ideias. A pergunta importante aqui é: quem é esse que está tendo essas expectativas? Que EU é esse que espera algo de alguém, ou do mundo, ou de si mesmo?

Antes disso, não tenha expectativa de não ter expectativa. Quando você tem expectativa de não ter expectativa, está criando um conflito e reforçando todas as expectativas que possui.

E se as coisas não saírem do jeito que você espera? O que pode acontecer? A vida nunca é do jeito que esperamos. E quando é, esteja certo de que é apenas momentaneamente. A expectativa cria tensão. Você não pode relaxar quando espera algo. A esperança o coloca em um lugar que não existe. Um futuro improvável. Como saber?

O futuro não pode lhe dar aquilo de que você precisa, por isso todas as esperanças o levam ao fracasso. Mesmo que por um tempo você consiga o que espera, isso provavelmente não irá durar para sempre, simplesmente porque nada nesta vida suprirá qualquer falta que, porventura, exista dentro de nós.

A plenitude que sempre buscamos nas expectativas futuras só se encontra aqui e agora, exatamente onde você está. Seu Ser é pleno. E quando puder tirar o foco do futuro e voltá-lo para o agora, saberá que você já é pleno. Então, em qualquer situação em que estiver, onde estiver, estará pleno. E se alguma expectativa vem, um desejo de que alguma coisa aconteça, investigue.

Dê as boas-vindas à expectativa. Não brigue com ela ou estará criando uma nova camada de expectativa: a expectativa da não expectativa. Em vez disso, pergunte-se: "Quem é este que está desejando que algo seja de determinada forma específica? É o seu corpo? É a sua mente? É o *Ser Consciência*?" Provavelmente quem espera algo é um EU condicionado, é um EU que acredita que está lhe faltando algo para que se sinta pleno, por isso cria expectativas.

Mas o mundo nunca poderá lhe trazer plenitude, porque ele em si funciona de forma condicionada. Como algo que não é pleno pode lhe dar plenitude? Quem quer se livrar das expectativas é a mente. A mente querendo se livrar dela mesma. Quem tem a expectativa é a mente e quem tem expectativa de não ter a expectativa também é a mente, então, de modo substancial, é a mesma coisa.

Deixe que seu corpo-mente tenha expectativas, e faça a si a pergunta: "Quem é você?" Quando você faz essa pergunta com sinceridade, seu foco começa a mudar. E a identificação com esse EU que espera tende a desaparecer. Mas, mesmo que não desapareça, você como consciência para de dar poder a essa expectativa, aí naturalmente ela vai deixando de dominar sua vida. E, então, você vive a plenitude.

Como estar no aqui e agora e, ainda assim, lidar com o planejamento de um projeto?

Você pode não estar consciente disso, mas está sempre aqui e agora. Se eu mudar de lugar, ainda estou "aqui"; se eu for para o Japão, ainda estou aqui; em qualquer lugar onde eu estiver, vou estar aqui. O mesmo vale para o tempo. Em qualquer tempo em que eu estiver, vou estar "agora". Porque só existe o "agora".

Eu posso falar de ontem, mas quem pode me garantir que ele existiu? Se eu contar aqui para vocês uma história incrível do que fiz ontem, quem é que pode me garantir que isso seja verdadeiro? Nem minha mente consegue comprovar para mim mesmo que isso é verdadeiro. Por quê? Porque minha memória nunca vai ser fidedigna ao que aconteceu ontem.

Então, sempre quando você conta uma história, sempre que está reproduzindo alguma coisa, você não consegue ser fidedigno. O que aconteceu ontem só existe na memória com determinados filtros de interpretação que estão ligados a crenças. E por mais que eu busque ser fiel aos fatos, nada poderá comprová-los.

Porém, a mente humana está sempre viajando do passado para o futuro e, justamente por estarmos identificados com ela, permitimos que nos guie. Colocamos nosso foco no passado por meio de ressentimentos, medos e culpas a respeito do que vivenciamos. E "presos" à mente, nós esquecemos do aqui e agora.

A verdade só pode ser encontrada aqui e agora. Nossa mente se projeta também para um futuro imaginário, cheio de anseios, desejos e esperanças. Mas se eu planejar realizar alguma coisa amanhã, quem me garante que realmente vai acontecer? Nada, não existe garantia, o passado e futuro são improváveis, são relativos, impalpáveis, insubstanciais.

A verdade que se revela quando sentamos juntos aqui e agora é a única coisa real. A verdade encontra a maneira de se expressar por meio de você e cria ações necessárias para isso. Seu planejamento não precisa vir de uma obrigação, mas de uma comunhão profunda com a verdade. De uma escuta atenta de para onde ela o está guiando.

E se dessa verdade surge um projeto, eu o escrevo. Mas sem o apego em concretizá-lo.

Nem mesmo importa que ele se concretize ou não. Todas as ideias que tenho sobre ele vem da expressão da verdade. Se ele vive apenas algumas horas, ou por anos, não importa.

Se ele se concretiza como algo real, também não importa. O que se manifesta desde a presença tem o tempo que tem, existe por existir. Não há expectativa nem apego a resultados. Há apenas amor expressando-se em forma de projeto.

O que é o tempo e a eternidade? A mente sempre funciona dentro do conceito que temos de tempo. Conceito criado pela própria mente, a fim de garantir sua existência. A mente faz parecer que somos vítimas do tempo e que ele só existe enquanto ela estiver existindo. A mente funciona de forma linear, o que nos cria a ideia de que a vida é uma sucessão de fatos e, por isso, temos uma história com início, meio e fim. Guiamo-nos por relógios e calendários que nos garantem uma memória dos fatos. Associamos essas memórias ao nosso EU e temos com isso a sensação de existir, com uma identidade que se referencia em uma história concreta.

Mas o tempo como o conhecemos não é apenas uma invenção da mente? A verdade não está subjugada ao tempo. A verdade só acontece agora. Mas como mensurar o agora? Não há como mensurar o agora. O agora é imensurável, por isso posso dizer que o agora é atemporal e, assim, contém todos os tempos do mundo, que só existem na memória.

Acreditamos que o agora seja apenas um recorte instantâneo dentro do tempo linear e cronológico. Mas o agora não se trata desse tempo. Trata-se da consciência da eternidade.

A consciência é a mais pura presença e não temos como compreendê-la desde o tempo linear da mente.

A parte não pode compreender o todo. Esse recorte no tempo cronológico, ao qual chamamos de momento, não é a melhor explicação para o estado de presença eterno que é o agora.

A presença do agora, de que tantas linhas espirituais falam, é um salto para fora dessa linha cronológica de tempo que acontece na mente. Esse tempo é sustentado por memórias sucessivas de fatos do passado, nossa história, nossos condicionamentos, nossas crenças, tudo aquilo que disseram para nós ser verdade. E é também formado de ideias que temos do futuro, a partir dessas referências do passado. Então, a mente está sempre oscilando do passado, pensando em alguma coisa que já aconteceu, para o futuro, projetando e criando ideias do que está por vir.

Acreditamos precisar de uma história para saber quem somos. Mas do que de fato necessitamos é nos esquecer dela para que quem somos se evidencie. Nunca poderemos florescer se nos basearmos em histórias e ideias. Você não pode medir o agora, delimitar e determinar onde começa e onde finaliza. Não há um início ou um fim, há apenas um É.

A mente opera no mundo dos fenômenos, que chamamos vida. Mas essa vida em si ainda é conceitual, uma vez que acreditamos que ela termina quando a mente acaba, quando o corpo acaba. Mas em uma perspectiva mais ampla, sabemos que a vida não começa, nem mesmo acaba. A vida é um constante movimento e eterno transformar.

Quando meu filho tinha 3 anos, ele me perguntou o que era a morte. Eu disse que só o corpo morria, mas que a alma era eterna. E ele me falou: "Mas se o corpo vira adubo e alimenta as árvores, ele também é eterno". Sim, a vida é eterna em todos os seus aspectos. Quando eu dou um salto para fora da cronologia, consigo acessar o não tempo, onde tudo é incluído, inclusive o que eu chamo de tempo cronológico.

Viajar para além do tempo é poder ter acesso à eternidade. Não há mais passado ou futuro, só o agora é real, é onde tudo se manifesta. Qualquer outra coisa é uma elucubração mental, porque se eu lhe disser: volte para o passado e o experimente de novo, você não poderá fazer isso. Você pode até ressignificá-lo, mas ainda assim estará utilizando referências da própria mente para isso. Você não pode experimentar o passado. Pode apenas criar ideias sobre ele. Pode pensar no passado, mas não experimentá-lo.

Quando você pensa no passado, não significa que está revivendo-o; você pode até estar revivendo, no corpo, sensações similares às que viveu, mas mesmo essas sensações, que reaparecem no corpo e que vieram das histórias do passado, só existem porque você está apegado à ideia de ser esse EU idealizado que existe nesse tempo cronológico. Ou seja, está apegado à ideia de que é esse corpo que nasce, que tem um tempo de vida e que depois morre.

O apego às memórias de experiências que lhe geraram sentimentos e sensações no corpo, o apego às ideias que você tem sobre esses sentimentos, e o apego ao corpo em si, juntos, lhe geram muita confusão e sofrimento, porque o fazem esquecer sua real identidade.

Tudo que nasce e morre está dentro do tempo cronológico limitado. E você acreditou por toda sua vida ser esse que nasce e morre. Mas sua alma não se delimita por um tempo. Você nunca nasceu, nunca morreu nem vai morrer. O Eu em essência não morre. Não tem como ninguém fazer deixar de existir a força da presença infinita que você é. Quando você começa a se dar conta de quem é, dá um salto para fora desse conceito limitado de tempo.

Então, você para de viver referenciado nas histórias, você para de viver referenciado nas suas crenças e em todas as ideias que tem sobre si mesmo. Você fica presente. Para de se apegar à ideia de que existe algum lugar a se chegar, algum objetivo a se atingir, alguma coisa para conquistar. E deixa a vida agir por meio de Si.

A verdade só se manifesta na presença. Não há aonde chegar. Se você permite que a verdade se revele por meio de si, os medos desaparecem. Você não precisa mais corresponder à expectativa de ninguém. Expectativas e esperanças o aprisionam na mente. Levam você para um futuro idealizado. A expressão natural e autêntica do Ser é livre de expectativas. Não há mais apegos aqui.

Tudo o que você vive floresce da verdade do seu ser. É muito natural. E, às vezes, você tem até a seguinte sensação: "nossa, parece que eu já vivi isso antes, em que tempo isso aconteceu?" Essa é sensação de *déjà-vu*: parece que você está experimentando alguma coisa que já conhece e está em um lugar onde já esteve. Isso tudo acontece quando você se percebe além do tempo cronológico e tem a sensação de familiaridade com o que está acontecendo, um senso de que tudo está sendo como deve ser.

Então, não há mais presente, passado, futuro. Há talvez pensamentos sobre seu passado que acontecem aqui e agora, ideias sobre um futuro provável que acontecem aqui e agora. E você acessa todos esses universos simultaneamente, aqui e agora. Mas isso não é nenhum lugar aonde você vai ou foi, e nenhum tempo que viveu ou viverá. Ao mesmo tempo, está tudo aqui. Todas as informações mentais de toda a história da humanidade. Tudo acontecendo aqui e agora, dentro de você.

Mas você não se engancha mais nesses fenômenos que acontecem no corpo e na mente, ou seja, dentro de um tempo e um espaço. Mesmo que você tenha vivido nas Filipinas, sabe que isso também é uma percepção que acontece aqui e agora. Você não se apega mais a isso. É apenas uma viagem da mente no tempo.

Quando você experimenta isso, fica presente e adentra um silêncio profundo. O agora deixa de ser o momento que passa rápido, o agora que você sempre se esforçou para manter. No agora não tem rápido, nem lento. O agora é a eternidade, e na eternidade você tem todo o tempo do mundo.

Não é correto fazer planos? Poderia esclarecer?

Existe uma diferença entre "eu tenho de me esforçar para realizar e fazer" e "eu posso relaxar e permitir que minha real natureza se expresse". O primeiro faz planos e seu foco é seguir o planejamento e chegar a um objetivo. A mente está no controle, sendo guiada por ideias e desejos. E como seu tempo é limitado, você corre. E se esforça. E cansa.

O segundo tem todo tempo do mundo. E todo o universo está suportando-o para aquilo que é inevitável. Ele está disponível. Pode-se até planejar, mas isso acontece naturalmente. A mente está sob a guiança da verdade. E você está desapegado do que ela faz. Se na presença você percebe que há uma opção mais coerente com a verdade, não hesita em soltar a ideia antiga. Você não está preso a ideias ou planejamentos. Mesmo que os tenha, é o amor quem guia.

Se os planos que você faz vêm desse florescer, isso acontece de uma forma natural. Toda flor exala seu perfume para o universo. Isso é inevitável. Você não precisa se esforçar para permitir que sua fragrância seja exalada. Você está apenas permitindo que algo natural e inevitável floresça. Todo o florescimento tem seu tempo perfeito.

A primavera chega e o jardim floresce. Não há interferência mental, é um tempo natural.

É a primavera! Quando você está presente, o tempo do florescer acontece. Você pode regar as sementes para ajudá-las. Mas não depende só de você. Às vezes vem seca, às vezes vem vento. Então, você faz o que tem de ser feito com amor, e deixa que a flor cresça por si mesma. Permita.

Eu planejo escrever uma vez por semana, por exemplo. Só que isso não me vem de um esforço. E também não estou apegada a isso. Algumas vezes, naturalmente começo a escrever por dois ou três dias seguidos. E há semanas que sequer escrevo. Em algum tempo e espaço, que não são os mensuráveis, eu sei que o livro está acontecendo, além, inclusive, de minha ação de escrevê-lo. Ele faz parte do meu natural compartilhar.

Então, sei que no tempo perfeito ele estará pronto, mesmo que seja em um tempo um pouco diferente daquele planejado. E sei que no momento perfeito alguém o lerá. Como sei que seria inevitável que você o estivesse lendo? É como o perfume da flor. Nem todos sentirão. Nem todos gostarão. Mas alguns serão imediatamente atraídos pela fragrância.

A ação acontece da vacuidade da presença. Dessa vacuidade emerge qualquer ação. Não há mais um aprisionamento nas garras do tempo. Não há mais obrigações a serem cumpridas em um tempo determinado pelo ego e pelas vozes que cobram os resultados que o mundo espera de você.

A fruta fora de época estará envenenada. Precisa de agrotóxicos para que cresça. Seu sumo desequilibra o organismo. E o organismo a que me refiro aqui é toda a existência. O tempo divino é o perfeito. E a mente não será capaz de determiná-lo. Por isso, livre-se das pressões do tempo. Nada é urgente no agora. Tudo tem seu tempo. Não existe memória para quem é presente

Lembre-se de que você não "tem que" fazer nada no tempo que o outro quer, ou criará para si uma obrigação, uma ansiedade, uma expectativa, um medo de dar certo, um medo de não dar certo. Mas quando você age com o coração, o florescimento é natural, no tempo natural.

A mangueira vai dar manga de qualquer forma, mesmo que nenhuma de suas mangas seja comida. Tanto faz para ela. Ela está apenas florescendo em sua plenitude. Não há mais apego nem mesmo ao resultado. Tudo o que realiza você sabe que não é seu. Você não está preso aos frutos de sua realização. Por isso se sente realizado.

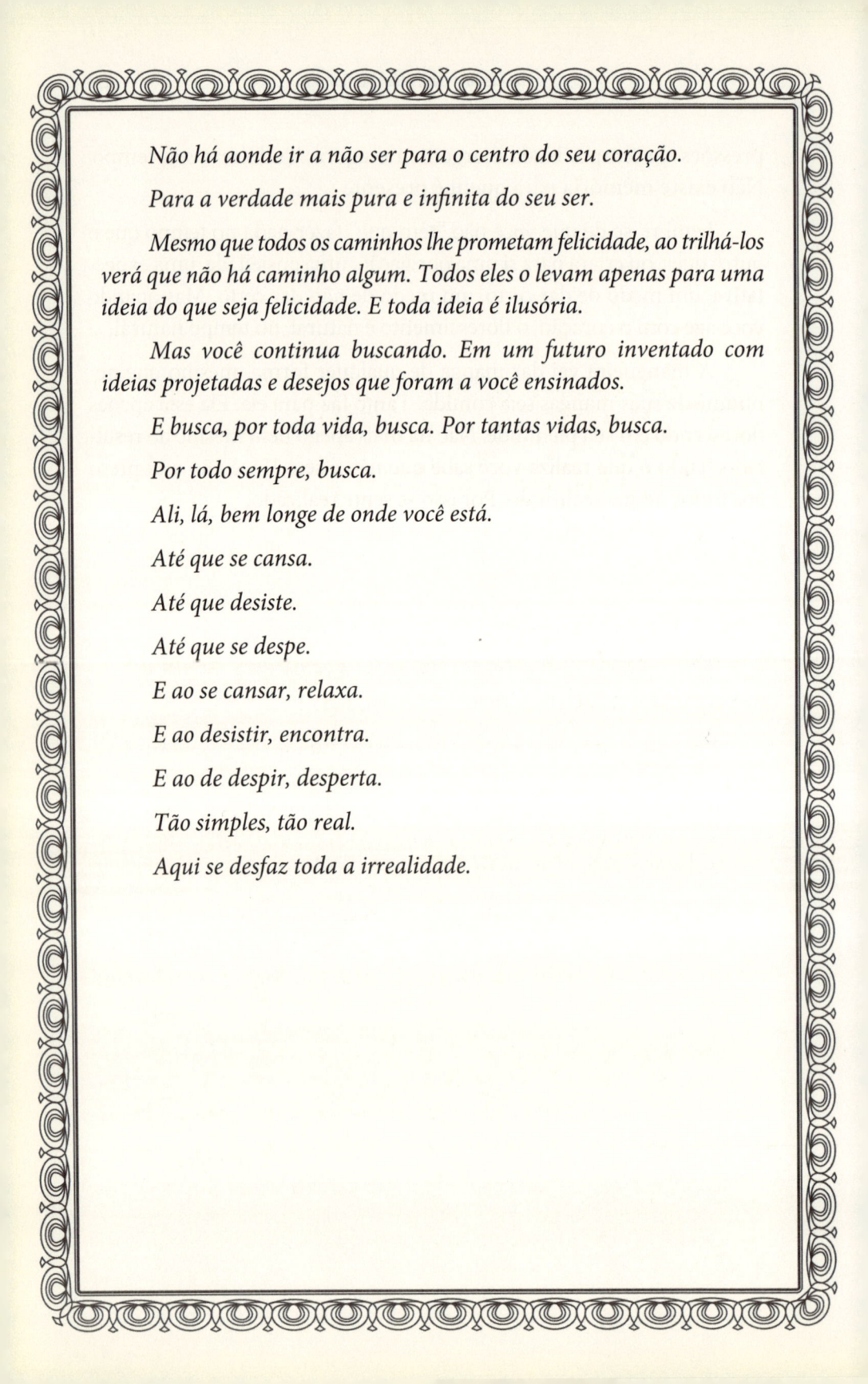

Não há aonde ir a não ser para o centro do seu coração.

Para a verdade mais pura e infinita do seu ser.

Mesmo que todos os caminhos lhe prometam felicidade, ao trilhá-los verá que não há caminho algum. Todos eles o levam apenas para uma ideia do que seja felicidade. E toda ideia é ilusória.

Mas você continua buscando. Em um futuro inventado com ideias projetadas e desejos que foram a você ensinados.

E busca, por toda vida, busca. Por tantas vidas, busca.

Por todo sempre, busca.

Ali, lá, bem longe de onde você está.

Até que se cansa.

Até que desiste.

Até que se despe.

E ao se cansar, relaxa.

E ao desistir, encontra.

E ao de despir, desperta.

Tão simples, tão real.

Aqui se desfaz toda a irrealidade.

Meditação e o Poder do Silêncio

Como manter maior consistência nesse EU observador? Sinto oscilações nesses estados de percepção. Meditar pode me ajudar?

Meditar pode ser seu primeiro passo. Quando você medita descansa em Deus, de onde você naturalmente se mantém testemunha de tudo que acontece dentro e fora de si. Internamente você observa seus pensamentos, sentimentos e sensações no corpo. Externamente vai perceber por meio dos sentidos os sons, a luz, a temperatura.

Aos poucos, você vai começar a perceber que a meditação pode ser estendida para toda e qualquer situação da sua vida. Mesmo em ação, você é a testemunha de todos os fenômenos que se manifestam interna e externamente.

Até que tudo passe a ser percebido, inclusive seu desejo de meditar para silenciar sua mente ou para chegar ao que você acredita ser a iluminação. O despertar é uma mudança de foco e ele acontece apenas quando você desiste até mesmo de despertar.

A princípio, você fecha os olhos e inicia o processo de observação. Mas depois começa a perceber que a observação existe independentemente do observador. A todo momento você é isso. É a pura presença, sempre consciente dos fenômenos. E você pode até fazer um bom exercício para observar seus pensamentos, mas em determinado momento você dá o salto.

Nesse instante, até mesmo o observador desaparece, e o que fica é pura observação. Para quem aparecem os fenômenos? Quem é você? Você é esse sentimento e esse pensamento que emergiram ou é essa percepção de tudo isso, essa consciência imutável de onde todas essas experiências mutáveis aparecem e desaparecem? Meditar deixa, então, de ser um ato e se torna o um relaxamento no Ser.

Escutando você, sinto um silêncio muito profundo, parece que minha mente para um pouco de buscar soluções para meus problemas, mas, no meu dia a dia, não consigo silenciar minha mente. O que devo fazer?

A natureza da mente é "tagarelar". Tentar silenciá-la vai cansar você, porque quem está querendo silenciar a mente é a própria mente. Antes de tudo, pare de querer calar sua mente. O seu ser é silencioso. Então, em vez de querer silenciar a mente, busque sua real natureza e, naturalmente, se tornará silencioso.

Muitas pessoas, quando meditam, querem parar os pensamentos e silenciar a mente. Mas quanto mais elas tentam fazer isso, mais começam a pensar. Porque agora, além dos pensamentos, existem os pensamentos de querer parar os pensamentos. Acolha sua mente. Deixe que ela siga vagando do passado para o futuro. Reconheça as memórias do passado, os desejos do futuro.

Saiba que esses pensamentos são como nuvens passeando em céu aberto. Sua natureza é o céu. O céu é silencioso. É o firmamento. É a consciência de onde as nuvens surgem. As nuvens passam, o céu fica. Firme. Constante. Eterno. Por isso as religiões se referiam a ele como o firmamento.

A firmeza daquilo que permanece. Você é o firmamento, apesar de ter acreditado ser nuvem.

A nuvem é a mente com todas as histórias e crenças que a configuram como tal.

Quando você se dá conta disso, não precisa mais silenciar a mente. Na verdade, pode usar sua mente de forma consciente para questões práticas do dia a dia: fazer cálculos, seguir uma receita de bolo. Use sua mente para aquilo que foi designada e não se deixe dominar por ela. Ela não tem a firmeza do firmamento. Ela está sempre oscilando. De um desejo a outro. De um apego a outro. Mas quando você começa a viver desde o que é firme, quando foca o céu, e não as nuvens, algo começa a mudar. Naturalmente, percebe que sua mente acalma. Você não precisou fazer um árduo esforço para isso.

Silenciar é algo muito mais profundo do que sua mente pode conceber. Não se trata de ficar quieto. Não se trata da ausência de palavras. Muitas pessoas são quietas, mas suas mentes estão frenéticas. E muitas pessoas estão em movimento, mas conseguem manter um silêncio interno. Estão agindo com presença e consciência. Então, olhe para o céu. Perceba que lindos movimentos acontecem nele. Há nuvens de todos os tamanhos e formas. Algumas são limpas e claras, outras anunciam tempestade.

Contudo, fique alerta, não siga os movimentos que ocorrem no céu como quem segue a verdade, ou se perderá. Alegre-se com seus movimentos, divirta-se com suas próprias histórias, sejam elas de sucesso ou de fracasso. Mas saiba: você é o céu, não as nuvens. Você é o firmamento de onde tudo surge e para onde tudo volta. Deixe que os pensamentos passem e se mantenha concentrado na consciência onde eles acontecem.

Você vai notar que era a identificação com a mente que o deixava tão agitado. E agora que seu foco é a consciência, você não dá mais energia nem poder para a mente. Então, ela naturalmente se aquieta e o que fica evidente é o espaço entre os pensamentos. O silêncio eterno do firmamento.

Quando a lagarta vira borboleta

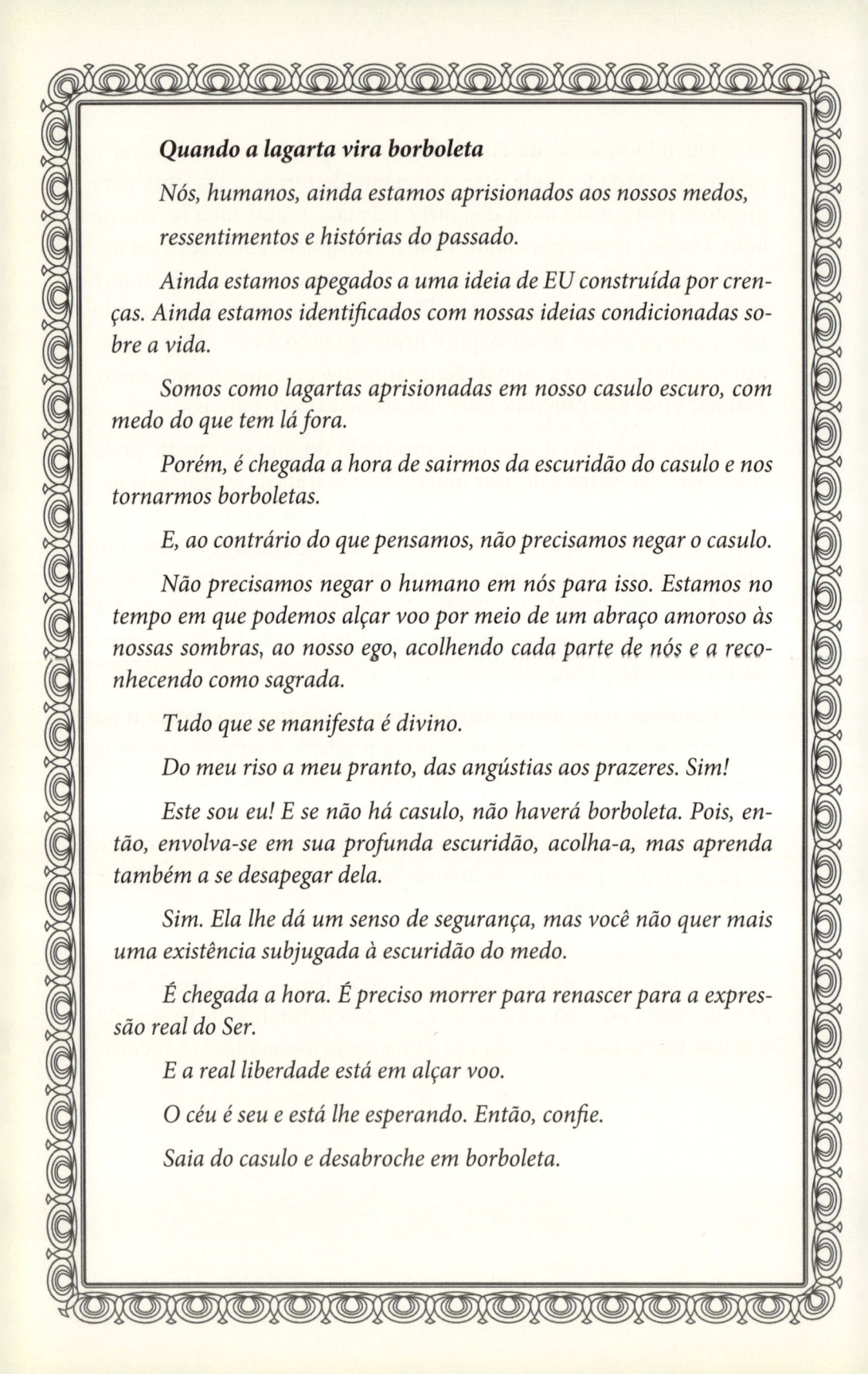

Nós, humanos, ainda estamos aprisionados aos nossos medos, ressentimentos e histórias do passado.

Ainda estamos apegados a uma ideia de EU construída por crenças. Ainda estamos identificados com nossas ideias condicionadas sobre a vida.

Somos como lagartas aprisionadas em nosso casulo escuro, com medo do que tem lá fora.

Porém, é chegada a hora de sairmos da escuridão do casulo e nos tornarmos borboletas.

E, ao contrário do que pensamos, não precisamos negar o casulo.

Não precisamos negar o humano em nós para isso. Estamos no tempo em que podemos alçar voo por meio de um abraço amoroso às nossas sombras, ao nosso ego, acolhendo cada parte de nós e a reconhecendo como sagrada.

Tudo que se manifesta é divino.

Do meu riso a meu pranto, das angústias aos prazeres. Sim!

Este sou eu! E se não há casulo, não haverá borboleta. Pois, então, envolva-se em sua profunda escuridão, acolha-a, mas aprenda também a se desapegar dela.

Sim. Ela lhe dá um senso de segurança, mas você não quer mais uma existência subjugada à escuridão do medo.

É chegada a hora. É preciso morrer para renascer para a expressão real do Ser.

E a real liberdade está em alçar voo.

O céu é seu e está lhe esperando. Então, confie.

Saia do casulo e desabroche em borboleta.

O Despertar

Nunca consegui parar de trabalhar e, apesar de me sentir realizado profissionalmente, sempre me senti estressado e exausto, e quando eu parava, percebia um vazio angustiante. Desde que entrei no caminho da expansão da consciência, essa angústia parou e estou vivendo um processo de êxtase. É esse o caminho do despertar?

Na cultura ocidental, acredita-se ser necessário um esforço muito grande para realizar algo de sucesso e, com isso, se tornar uma pessoa de valor e ser reconhecida como tal. Muitas vezes, você acredita que, se parar por muito tempo, se tornará uma pessoa fracassada. Aprendemos que tempo é dinheiro e que se não formos os melhores e os mais rápidos, alguém fará primeiro, será melhor e ocupará nosso cargo. Queremos ser os mais rápidos, mais inovadores, mais ricos e alcançarmos a melhor posição.

Crescemos guiados pela ambição, pela ganância, e somos capazes até mesmo de destruir a ética para isso. Vivemos viciados em fazer. Nosso corpo é viciado em um hormônio chamado adrenalina, e o que nos movimenta são ações compulsivas e intermináveis que não nos deixam nem mesmo relaxar.

Os hormônios adrenalina e dopamina, que são liberados sobretudo quando reconhecemos que realizamos objetivos que avaliamos como importantes, trazem uma sensação de poder, prazer e euforia. E você busca constantemente esses estados. Mas não podemos sustentar por muito tempo a energia gerada por esses hormônios. Se você se sente eufórico, em algum momento vai se esgotar.

E, para que não venha uma depressão, sua mente vai criar formas de gerar e manter a energia de adrenalina no corpo, por meio de certos alimentos, drogas e ações de estresse.

Mas, aos poucos, seu corpo começa de novo a dar sinais de cansaço, suas adrenais se esgotam e você passa a perder a motivação pela vida e de fazer tudo que até então fazia.

Assim estamos vivendo. Viciados em uma vida estressante. Em uma busca desenfreada por reconhecimento e poder. E quando você começa a se dar conta disso, sente saudades de uma paz e de um relaxamento que em algum dia já sentiu. Mas você se viciou na vida estressante e não sabe mais como se ver fora dela.

A possibilidade de viver sem estresse lhe traz medo de encarar uma sensação de vazio. Então, pode ser que você comece a procurar ajuda. Busca em terapias, religiões e espiritualidade. E aos poucos sai do vício do estresse, mas precisa estar atento para não entrar em um novo vício. Porque quando você sente um relaxamento depois de muito tempo, sente-se também em êxtase. E todas as vezes que um êxtase chega em sua vida, você quer manter e eternizar essa sensação.

Agora, então, pode acontecer de se tornar viciado em experiências de êxtase espiritual. Você pode começar a se encantar. Encantar-se é se apegar às sensações. Você se encanta quando novas energias percorrem seu corpo, quando ouve vozes do além e quando passa a se conectar com seres de outras galáxias, outras vidas e dimensões. Você começa, então, uma busca constante por essas sensações e acredita que esse é o caminho para a libertação definitiva do estresse que o mundo traz.

Você crê que tudo isso vai levá-lo a alcançar a bem-aventurança. Até começa a achar que foi fácil o desapego material. Mas daí você depara com um apego espiritual. Então, está agora em busca do êxtase místico e acredita ser essa a sensação constante da iluminação.

O êxtase místico acontece quando você se identifica com a alta vibração que, de alguma forma, conseguiu alcançar depois de ter feito algum trabalho espiritual. E você entende isso como paz. Mas a paz não é uma sensação. A paz é a natureza do ser.

E mais uma vez você se confunde. Você diz: "Nunca senti isso antes, é incrível. Tudo mudou. Eu me elevei espiritualmente. Este é o caminho". Você acha que está em um estágio mais evoluído que outros e que, agora, tem o poder de mudar a vida das pessoas e a sua também. E como você toma isso como o ato de fazer o bem, sente que está no caminho certo para o despertar da consciência.

Claro que você pode ter uma experiência de êxtase. Não há nenhum mal nisso. A questão não é o êxtase em si. A questão é quando você se identifica com isso e acha que assim encontrou a paz. Porque de novo vai se frustrar quando se der conta de que não era esse o caminho. E que, mais uma vez, a mente está gerando desejos que o impedem de entender que nem mesmo há um caminho.

Você está novamente em busca de um lugar a se chegar, de um estado idealizado a se alcançar. Então, essa busca mais uma vez se torna seu guia. Ela vem da crença de que algo está lhe faltando. Antes, você preenchia essa falta fazendo, conquistando e adquirindo coisas; fortalecendo o ego material. E agora preenche essa falta com energias elevadas, sensações expansivas e experiências místicas, criando um ego espiritual. Será que quando você sente um êxtase está consciente de que ele é um fenômeno momentâneo que acontece no corpo?

Porém, você quer eternizá-lo e diz: "Eu quero sentir isso para sempre!" Agora está viciado em um hormônio chamado serotonina. Não há nenhum problema em se permitir o êxtase. Mas pergunte-se se está fazendo isso de forma desapegada. Aliás, faça-se essa pergunta em qualquer circunstância. Porque assim, quando o êxtase passar, você não ficará perdido e frustrado procurando por ele.

Então, se pergunte se você não está em uma busca constante por prazeres e êxtases momentâneos, perdido ainda nos jogos do desejo.

Se você olha nas redes sociais, todo mundo está em êxtase ou, se não está, finge que está. O mundo cobra que você esteja feliz e sorrindo a cada dia.

Mas a euforia tem um tempo curto de duração. Por isso, muitas vezes logo depois de uma grande euforia vem uma grande frustração e até uma tristeza. Você vai a uma festa incrível, encontra os amigos que queria, se diverte, dança e, muitas vezes, no final da festa, em vez de se sentir alimentado de toda aquela energia, você se sente esgotado, vazio. "A festa acabou."

Como aquela imagem do bar fechando, alguém varrendo, colocando as cadeiras em cima das mesas. Até que a música para. É... a festa acabou. Você foi lá em busca de um êxtase e, no final, encontrou um vazio que de novo se instala. Aí você começa a fazer um monte de coisas para preencher esse vazio. Tenta preenchê-lo com comida, drogas, amigos, relacionamento afetivo, fazendo parte de uma religião, fazendo parte de um coletivo que sustenta crenças semelhantes à sua.

Às vezes, você entra em compulsões querendo se ocupar de qualquer coisa que preencha a angústia que sente ao se deparar com o vazio. Você crê que esse vazio, ao ser preenchido, o aliviará da angústia que ele traz. Mas esse vazio jamais será preenchido. Ele está associado à crença de que algo lhe falta. De que você está separado do todo por meio do corpo.

Você apenas acreditou ser esse corpo finito e mensurável. Mas você é o infinito. É um mar que acredita ser onda. Enquanto está identificado com esse vazio e buscando o êxtase do preenchimento, você está identificado com esse corpo que gera todos esses hormônios, todas as sensações de prazer. Você busca, então, experiências místicas. Sentimentos de paz. Mas a paz não é um sentimento.

Você está identificado com a ideia de que precisa de alguma coisa para se sentir completo. Mas seu Ser real não precisa de nada. Ele é completo em si mesmo. Seja lá o que a vida lhe traz, tudo está bem. Se é um presente, você aceita e agradece; se é um desafio, igualmente aceita e agradece. Isso não muda absolutamente nada. Aceite o que a vida lhe traz e o que ela leva. Tudo passa, mas seu ser continua ali. Infinito e imensurável. Pleno e em paz.

Como a iluminação vem sem que eu faça nada para isso?

A iluminação não vem, ela já é, já está. Qualquer coisa que você faça, só vai levá-lo a se esquecer disso.

E como vêm as respostas?

Não existe uma resposta. O que existe é um dissolver dessas perguntas. Todas as perguntas vêm da mente e agora você é um ser "sem mente". Quando a compreensão vem, todas as perguntas caem por terra. Quando o salto acontece, não há mais perguntas, existe apenas um saber. E, nesse saber, todas as perguntas e respostas desaparecem.

Eu quero saber quais são os sintomas do despertar.

Não há sintomas no despertar. Sintoma é algo que ocorre em alguém, é algo pessoal. O despertar é impessoal. Não existe uma pessoa que desperta. Há o despertar em si, para a realidade de quem se é.

O acordar não é seu. Mas acontece a você. É um reconhecimento claro de que tudo que acreditava ser real era na verdade ilusão. É como acordar de um sonho. Quando você sonha, acredita estar vivendo o sonho como algo real. Está identificado com tudo o que aparece nele como sendo realidade. Foi vendida a ideia de que despertar é um fenômeno que vai ocorrer no nosso corpo, uma experiência que vai acontecer na mente, com sensações, como uma espécie de experiência mística.

Quando você tem consciência de que tudo aquilo que acreditou como sendo real é, na verdade, apenas a projeção de algumas ideias, começa a se voltar para o centro. Na verdade, você nunca saiu dele, somente começa a se dar conta de que é de lá que tudo se cria e que é para lá que tudo retorna. Então, quando você se dá conta, é como se estivesse acordando.

Você diz: "Nossa, eu estava sonhando; sonhei com aquela pessoa, com aquela situação, com aquele lugar, e estava acreditando que tudo isso era real". A partir do momento em que desperta, você se dá conta de que o sonho acontece dentro do estado acordado do Ser. Mas o sonho em si não tem nenhuma substância real.

Você pode contar um sonho para alguém, mas não há nada de concreto que possa tornar esse sonho uma experiência real. E, no entanto, você construiu sua vida a partir desse sonho. Agora o despertar aconteceu. E todas as ideias que tinha sobre o despertar também eram ideias de uma pessoa sonhando, as quais e não têm mais sentido para o ser desperto. As ideias não podem sustentar a verdade.

A verdade só pode ser verdade. Indefinível, inimaginável, inominável, sem conceitos e teorias. Pura Consciência. E é por ela que você está aqui. Despertar não é um estado ao qual algum dia você vai chegar. Despertar é se dar conta de que, por todos esses anos, você esteve identificado com as histórias do corpo e da mente. Você tomou essas histórias como verdades.

Todas as experiências vividas por você acontecem dentro da consciência. E a consciência é a única coisa real a seu respeito. Todo o resto é ilusório. Todo o resto são apenas histórias, memórias da mente. São relatos de algo que não está mais aqui.

No momento do despertar o que ocorre é apenas uma mudança de foco, do relativo para o absoluto. Por isso, não há sintoma nem experiência mística. Porque qualquer experiência é vivida por meio dos sentidos do corpo e da mente, os quais também são experiências passageiras. Em segundos, podem não mais estar aqui. Portanto, não idealize o despertar. É simples despertar para a verdade, pois a verdade já é sua natureza. Nenhum esforço, nenhuma prática, nenhuma ação são necessárias. Apenas um virar-se para Si. E Ser o que você sempre foi e É.

O despertar é um processo gradual?

As pessoas acreditam que há um processo evolutivo até o despertar e que precisam aumentar seu nível de consciência para isso.

Mas não existe mais consciência ou menos consciência. Não existe mais luz ou menos luz. Se você apagar a luz, agora estará no escuro. E você cria muitas maneiras para lidar com a escuridão. Mas, ainda assim, estará na escuridão.

Você pode fazer isso em sua mente. Pode escolher os pensamentos positivos e elevados e criar uma realidade mais tranquila para sua vida. Mas, mesmo assim, você está agindo e vivendo a partir da sua mente. Sua mente é a escuridão. Sua consciência é a luz. Você está sofisticando sua mente, mas ainda está preso a ela.

Qualquer ideia de nível ainda é do mundo do manifesto, daquilo que passa, daquilo que é transformável, mutável, melhorável. Enquanto estiver apegado à ideia de que você é sua mente, provavelmente buscará melhorá-la, porém quem quer aperfeiçoá-la é a própria mente. E isso é uma grande cilada.

A mente vai usar artifícios de todos os tipos. Então, você começa a buscar essa elevação em religiões, terapias, espiritualidades. E, claro, você consegue melhorar aspectos do corpo e da mente. Tudo que um dia nasce e um dia morre pode ser melhorado. Porém, chega a um ponto em que você precisa sair do ciclo vicioso. Você deve acender a luz. Porque senão vai ficar constantemente: "Ah, melhoro, depois pioro".

Se você pode evoluir, pode também involuir. Você chega a um pensamento que acredita ser elevado, mas acontece alguma coisa e ele não se sustenta. Então, vai ficar indo de um extremo ao outro. Observe que essa é a tendência da mente. Ela acredita que você melhora, depois piora, melhora, piora...

Em um dia tudo está ótimo, cheio de energia, e no outro tudo parece perdido, você está doente, de cama. Mas chega um momento em que precisa romper esse ciclo vicioso. Não há nada mais a ser melhorado. E você pode se dar conta disso agora.

A consciência nunca pode ser melhorada. Não existe grau comparativo nela. É a única coisa que não muda, que não morre, que não nasce, mas que cria e gera todas as coisas.

Você não está mais precisando melhorar nada, você já é perfeito exatamente como é. Mas não basta apenas saber disso. Você deve ser a consciência disso. Vivenciar e se tornar o testemunhar disso. Não há mais sujeito, não há mais eu, não há mais ego. E tudo se torna a pura expressão da consciência. Aí a paz acontece. A paz está aqui. Ela sempre esteve aqui.

Como você chegou ao despertar?

Não se chega ao despertar. Isso já está aqui. Apenas pare de buscar aquilo que você já é. É só se dar conta de que você não é a sua mente. Não há nada a ser feito, pelo contrário. Você talvez esteja fazendo coisas demais.

Comece por uma autoinvestigação. Pergunte-se: quem eu sou? E, antes de responder, permaneça presente. Essa simples pergunta começa a evidenciar as confusões inconscientes que sua mente criou. Nesse espaço vazio entre a pergunta e o desejo de uma resposta é possível vivenciar a verdade.

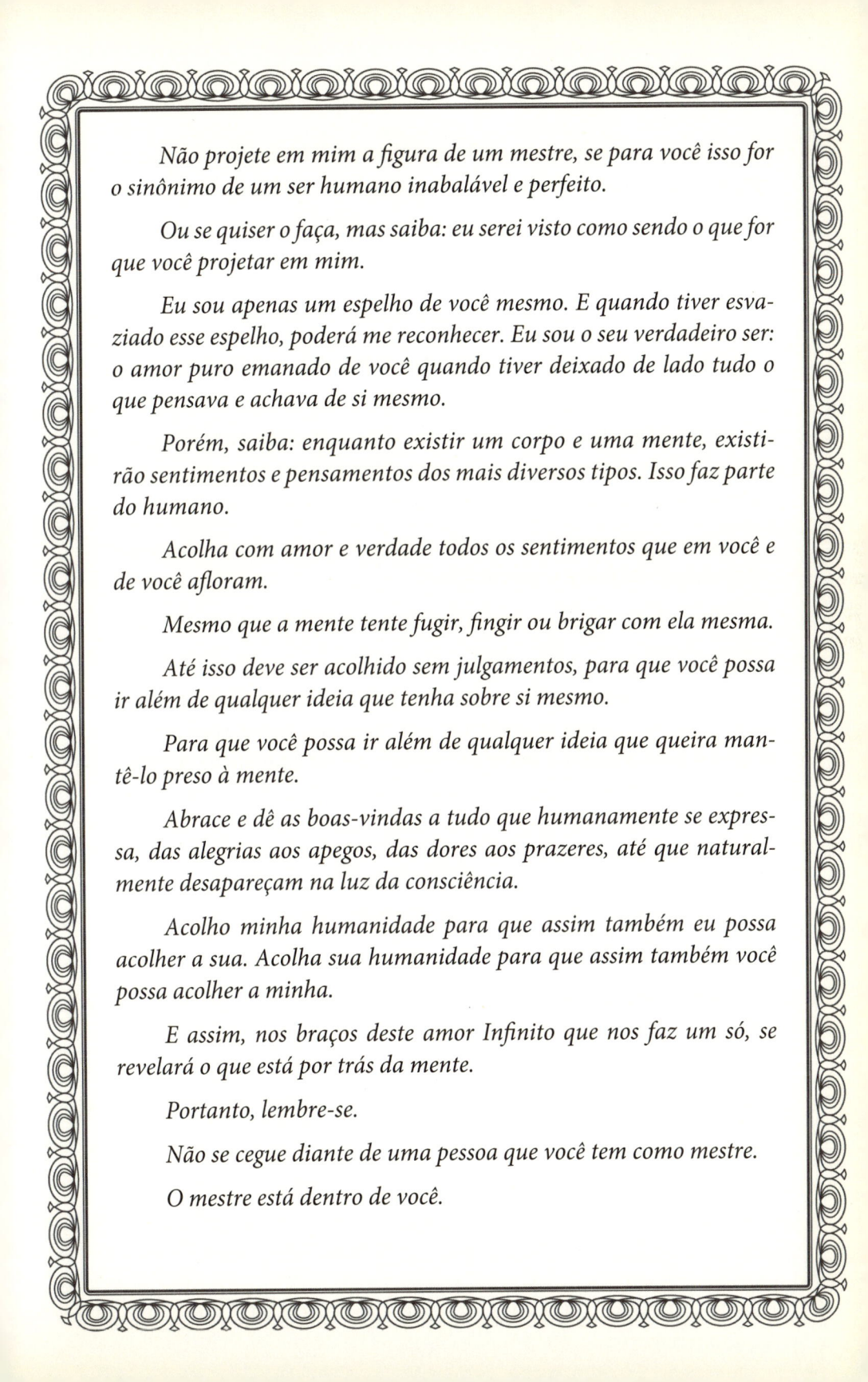

Não projete em mim a figura de um mestre, se para você isso for o sinônimo de um ser humano inabalável e perfeito.

Ou se quiser o faça, mas saiba: eu serei visto como sendo o que for que você projetar em mim.

Eu sou apenas um espelho de você mesmo. E quando tiver esvaziado esse espelho, poderá me reconhecer. Eu sou o seu verdadeiro ser: o amor puro emanado de você quando tiver deixado de lado tudo o que pensava e achava de si mesmo.

Porém, saiba: enquanto existir um corpo e uma mente, existirão sentimentos e pensamentos dos mais diversos tipos. Isso faz parte do humano.

Acolha com amor e verdade todos os sentimentos que em você e de você afloram.

Mesmo que a mente tente fugir, fingir ou brigar com ela mesma.

Até isso deve ser acolhido sem julgamentos, para que você possa ir além de qualquer ideia que tenha sobre si mesmo.

Para que você possa ir além de qualquer ideia que queira mantê-lo preso à mente.

Abrace e dê as boas-vindas a tudo que humanamente se expressa, das alegrias aos apegos, das dores aos prazeres, até que naturalmente desapareçam na luz da consciência.

Acolho minha humanidade para que assim também eu possa acolher a sua. Acolha sua humanidade para que assim também você possa acolher a minha.

E assim, nos braços deste amor Infinito que nos faz um só, se revelará o que está por trás da mente.

Portanto, lembre-se.

Não se cegue diante de uma pessoa que você tem como mestre.

O mestre está dentro de você.

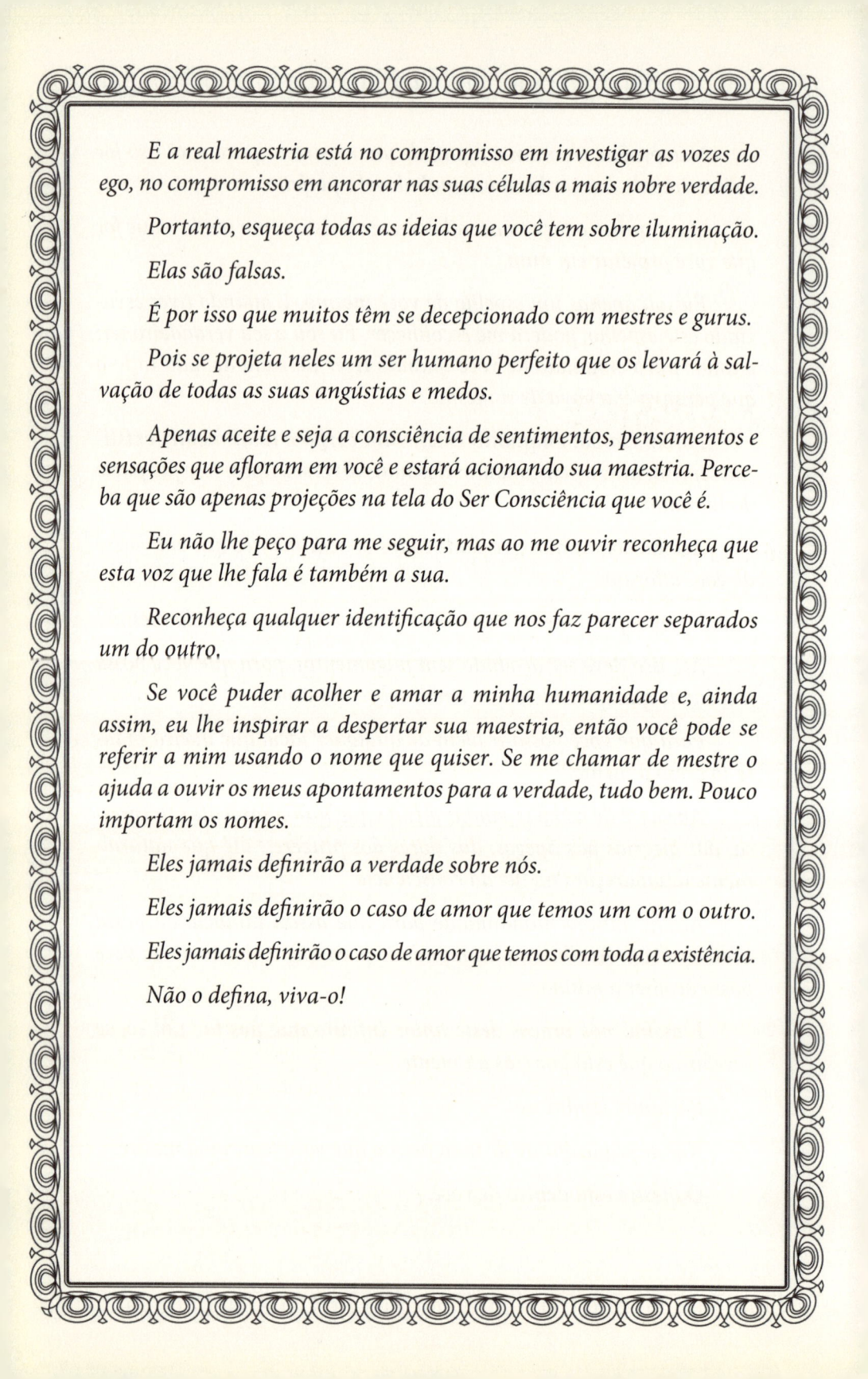

E a real maestria está no compromisso em investigar as vozes do ego, no compromisso em ancorar nas suas células a mais nobre verdade.

Portanto, esqueça todas as ideias que você tem sobre iluminação.

Elas são falsas.

É por isso que muitos têm se decepcionado com mestres e gurus.

Pois se projeta neles um ser humano perfeito que os levará à salvação de todas as suas angústias e medos.

Apenas aceite e seja a consciência de sentimentos, pensamentos e sensações que afloram em você e estará acionando sua maestria. Perceba que são apenas projeções na tela do Ser Consciência que você é.

Eu não lhe peço para me seguir, mas ao me ouvir reconheça que esta voz que lhe fala é também a sua.

Reconheça qualquer identificação que nos faz parecer separados um do outro.

Se você puder acolher e amar a minha humanidade e, ainda assim, eu lhe inspirar a despertar sua maestria, então você pode se referir a mim usando o nome que quiser. Se me chamar de mestre o ajuda a ouvir os meus apontamentos para a verdade, tudo bem. Pouco importam os nomes.

Eles jamais definirão a verdade sobre nós.

Eles jamais definirão o caso de amor que temos um com o outro.

Eles jamais definirão o caso de amor que temos com toda a existência.

Não o defina, viva-o!

O Mestre

**Eu segui o guru, entreguei-me totalmente
e me decepcionei.**

O mestre é apenas aquele que aponta para a verdade. Mas muitas vezes quando você encontra um mestre, se encanta e deposita nele a expectativa da sua felicidade. Você começa, então, a projetar nele a imagem de um santo, perfeito e inabalável, único que poderá libertá-lo das dores de seu sofrimento.

Às vezes você faz isso com um amigo, com uma religião, com seu companheiro, com uma terapia, sempre dando ao outro o poder de libertá-lo. E se eles não o suprem naquilo que deseja e espera, você se decepciona, se frustra.

Mas nada ou ninguém pode lhe dar aquilo que você procura. Nenhum mestre, religião ou terapia.

O mestre pode apontá-lo para a verdade, porém, só você pode se virar para ela. O mestre pode inspirá-lo a olhar para dentro, mas se você o coloca em qualquer obrigação, ele imediatamente deixa de ser um mestre.

Dar seu poder ao outro e esperar algo dele são situações que não têm a ver com entrega. Você se encantou com o que considerou perfeito e se esqueceu da verdade. O mestre está além de qualquer encantamento. O mestre está em tudo e em todos que o inspiram a ver a verdade, mas a maestria está em você ao reconhecê-la. E o verdadeiro mestre sempre o lembrará disso.

Mas, sim! Você pode viver uma história de amor com o mestre se não projetar nele o personagem do salvador de sua vida. Se ama seu mestre, mas se mantém consciente, desapegado e sem projeções, então uma profunda entrega pode acontecer.

Você não precisa mais defender suas ideias para proteger seu ego; não precisa manter as barreiras de proteção que o impedem de reconhecer e viver a verdade. Então, você pode mergulhar com entrega e humildade nos apontamentos que o mestre lhe traz. Assim, na mais pura confiança, pode dar o salto para o despertar.

A vida é sua maior mestra e seguirá lhe apontando, dando-lhe espelhos para que olhe para dentro e veja, enfim, a verdade. E meu convite é para que a reconheça. Reconheça a verdade em si mesmo. Reconheça que o mestre sempre esteve dentro de você.

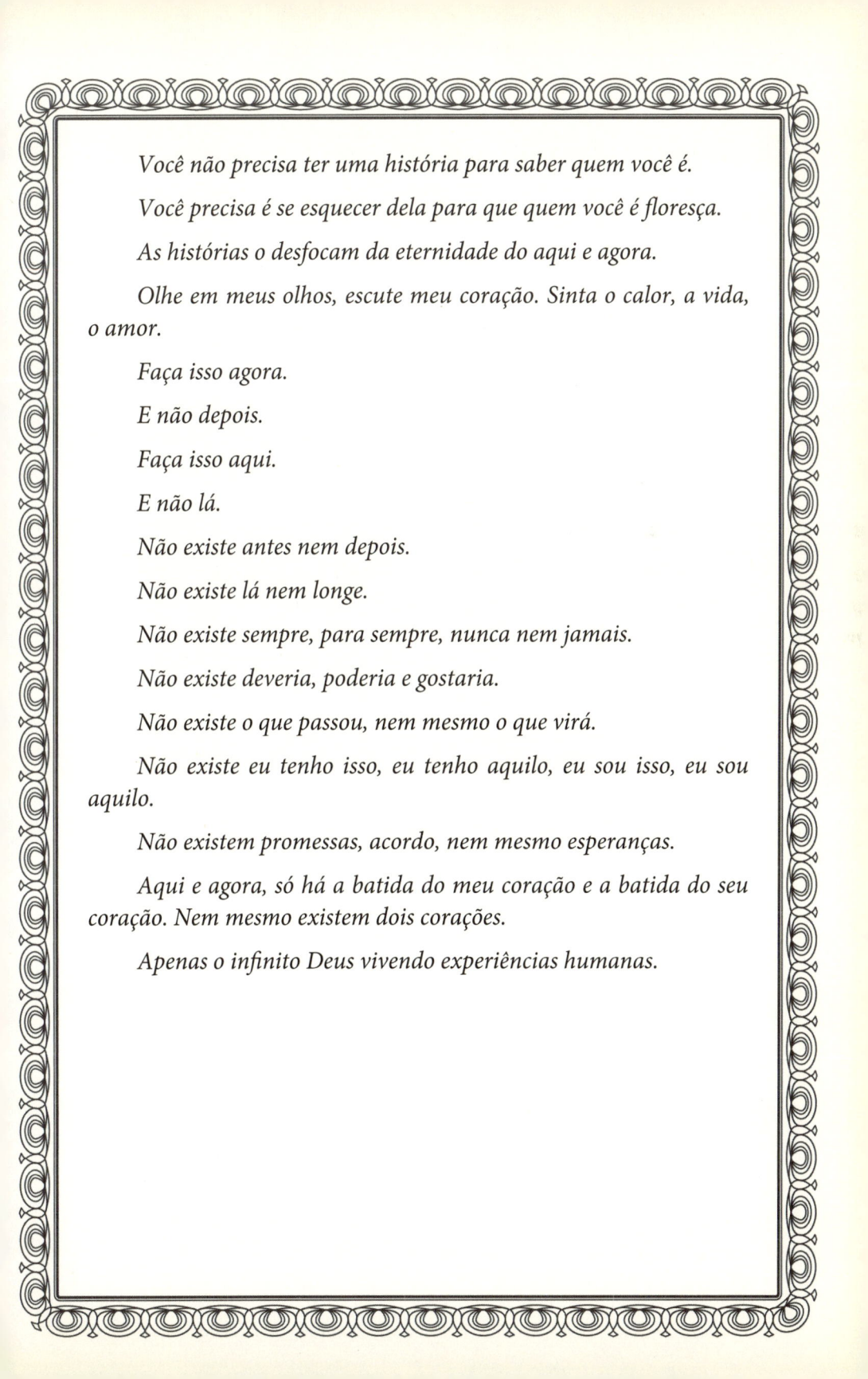

Você não precisa ter uma história para saber quem você é.

Você precisa é se esquecer dela para que quem você é floresça.

As histórias o desfocam da eternidade do aqui e agora.

Olhe em meus olhos, escute meu coração. Sinta o calor, a vida, o amor.

Faça isso agora.

E não depois.

Faça isso aqui.

E não lá.

Não existe antes nem depois.

Não existe lá nem longe.

Não existe sempre, para sempre, nunca nem jamais.

Não existe deveria, poderia e gostaria.

Não existe o que passou, nem mesmo o que virá.

Não existe eu tenho isso, eu tenho aquilo, eu sou isso, eu sou aquilo.

Não existem promessas, acordo, nem mesmo esperanças.

Aqui e agora, só há a batida do meu coração e a batida do seu coração. Nem mesmo existem dois corações.

Apenas o infinito Deus vivendo experiências humanas.

Uma História

Em meus satsangs as pessoas me perguntam sobre meu caminho espiritual e minha história.

Decidi, então, escrever sobre ela, mas afirmo que tudo que aqui está descrito não é um pré-requisito ou uma condição para o despertar. Poderia ser qualquer história. O despertar é justamente se dar conta de que você é o que está além das histórias e, consciente disso, é possível se despertar delas.

Minha busca espiritual começou quando era criança e me questionava o porquê de minha mãe ter ido embora tão cedo deste plano, sem se despedir e sem ter me dito nada a respeito da vida, da morte, do sofrimento e da separação.

Logo que minha mãe deixou seu corpo, fui afastada das pessoas com quem convivia depois de uma briga judicial entre as famílias de meu pai e de minha mãe, na qual a família de minha mãe acusava meu pai de ser o causador do acidente em que minha mãe havia morrido. A decisão foi de que a família do meu pai ficaria comigo e com minha irmã, e acabamos assim nos afastando de nossos avós maternos.

Meu pai continuou morando em Minas Gerais e, em pouco tempo, estava se casando novamente. Sua nova esposa, agora minha madrasta, em breve engravidou e, logo que meu irmão nasceu, fomos, eu e minha irmã, para um colégio interno de freiras. Apesar de ser a mesma escola, eu ficava em uma casa afastada da que minha irmã estava e, portanto, raramente eu a encontrava.

Nessa época eu tinha 6 anos e, pela primeira vez, depois de tantas separações, entendi que era um ser só, separado de todos que eu amava: minha mãe, meu pai, minha família e, por fim, de Deus. Às vezes andava pela escola, que ficava em meio a uma floresta e, em vez de conversar com pessoas, falava com árvores e plantas. Falava das ideias e planos que fazia para encontrar minha mãe.

Uma vez, decidi pegar dois galhos de uma árvore e colar neles folhas secas, construindo assim uma asa. Eu tinha sonhos recorrentes de que podia voar, por isso, crescia em mim a esperança de um dia chegar aos céus, para encontrar minha mãe e, em seguida, Deus.

Então, certo dia, quando eu tinha 7 anos, subi a montanha alta da escola e decidi, com minhas asas, saltar.

Quando estava prestes a fazer isso, uma das alunas me parou e começou a gritar pela freira que estava ali por perto. Não sei se contaram ao meu pai a respeito de minhas intenções de pular, mas sei que logo em seguida ele me tirou dessa escola.

Desde então, meu foco era entender quem era Deus. A família de minha madrasta era católica e tive uma afinidade com a mãe dela, minha avó, que me levava às missas e me ensinava sobre a fé.

Desde pequena, comecei a buscar respostas sobre o sentido da vida e da morte. A partir dos 15 anos, coloquei mais foco em minhas buscas. Busquei em filosofias, terapias, arte, religiões, práticas espirituais, meditações e em todos os meios que intuitivamente eu achava que pudessem me libertar do sofrimento que sentia desde a morte de minha mãe e me trazer, enfim, a felicidade de volta.

Aos 17 anos, uma das pessoas que eu mais amava em minha vida, que era meu avô, fez a passagem. Para mim, estar com ele em todos os momentos que antecederam sua morte foi um dos grandes presentes que ganhei para a compreensão sobre ela. Meu avô era um homem de muita sabedoria e amigo da morte. Falava dela com muita naturalidade e nunca reclamava das dores que sentia em sua doença, mesmo quando eram insuportáveis.

No dia em que ele fez a passagem, eu o vi em meu quarto tranquilo e sereno. Veio se despedir e me pediu que dissesse a todos que estava bem. Levantei, então, para acordar meu pai e dizer que ele tinha ido. Ele não quis acreditar, mas a notícia veio logo em seguida em um telefonema. Ao contrário do que ensinam a respeito da morte, naquele dia eu me vi feliz e celebrando sua vida que, com ele aprendi, era eterna.

Mas meus questionamentos sobre o porquê da existência desse corpo continuavam. Pouco tempo depois, recebi de meu pai um livro de Osho, intitulado *Meditação: a Arte do Êxtase*, e foi a partir desse livro que comecei a meditar diariamente. Encontrei, então, um grupo de jovens sannyasins de Osho que frequentavam retiros de meditação e comecei a participar de todos esses encontros, os quais me trouxeram uma sensação de paz que até então eu não havia experimentado. Foi a busca por essa sensação que começou a dar um sentido à minha vida.

Aos 23 anos, um fato desencadeou em mim uma síndrome de pânico acompanhada de depressão. Eu estava assistindo ao vivo o acidente de carro de um famoso corredor brasileiro de Fórmula 1, Ayrton Senna, que o levou à morte. Assitir ao acidente me desencadeou uma dor e uma depressão profunda, como se eu estivesse testemunhando a morte de minha mãe. Fiquei em choque e não conseguia fazer mais nada. Isso fez com que meu pai me levasse para morar com minha madrasta em uma cidade pequena, no interior de Minas.

Nesse período, vivi minha primeira experiência mística de *satori*,* quando abri pela primeira vez meus sentidos intuitivos e me conectei com energias sutis, captando informações e formas-pensamento que estavam além das limitações de meu corpo e mente. Por um bom tempo, achei que tinha descoberto a real espiritualidade.

---

*Termo budista para "a compreensão suprema", usado também por mestres espirituais para "o vislumbre da iluminação".

Muito de meu ego e ideias fúteis que tinha sobre a vida de fato tinham desaparecido nesse período de recolhimento, que durou por volta de sete meses. E minha vida ganhou um novo propósito: a busca do que eu acreditava ser minha força e poder espiritual.

Em meio aos meus estudos e trabalho, sempre encontrava tempo para meditar e participar de rituais espirituais. Passei pela yoga, xamanismo, reiki e muitas outras iniciações.

Aos 28 anos, conheci meu mestre, Prem Tyohar, e, para minha surpresa, ele me disse para parar de buscar. Falou que o que eu estava buscando já estava aqui. Ele apontava para a verdade, não estava interessado em experiências místicas e poderes espirituais. A sensação de paz voltou. Agora de uma forma mais clara.

Foi então que, em um movimento de profunda devoção, abandonei tudo que de alguma forma não fazia mais sentido para mim naquele momento: meu trabalho, estudos, relacionamento afetivo, e fui morar na comunidade de meu mestre na Costa Rica. Lá, recebi meu nome: Ma Prem Giti.

Um novo portal e uma nova visão se abriram para mim. Depois disso, decidi ir morar em Londres, de onde vinham meus ancestrais, e lá continuei tanto minhas buscas espirituais quanto meus estudos de movimentos e terapias corporais. Em seguida, fui à Índia, onde segui buscando a paz e o contentamento que, de alguma forma, vivenciei em alguns momentos dessa jornada espiritual.

Em 2004, ao voltar ao Brasil, quase seis anos depois dessas peregrinações, tive minha segunda experiência de satori em um retiro espiritual. Relatei imediatamente a experiência a meu mestre Prem Tyohar, que me pediu que esperasse um pouco mais antes de concluir que o real despertar tivesse ocorrido.

Nessa ocasião fui visitar um amigo em São Franscico, na Califórnia, e ele, percebendo que algo diferente tinha acontecido comigo, começou a falar para a comunidade em que vivia que eu estava desperta.

Muitas pessoas vieram pedir conselhos e falar comigo a respeito da vida e de seus problemas. Mas eu estava silenciosa, buscando, ainda com minha mente, entender o que estava acontecendo. Quase um mês depois, ao voltar ao Brasil, comecei a perceber que a experiência do satori estava passando, assim como a experiência mística trazida por ele. De novo, me vi identificada com facetas do meu ego e tomando suas manifestações como minha real identidade. Percebi em mim uma grande decepção e decidi interromper minha busca espiritual. Comecei, então, a buscar por linhas terapêuticas que me ajudassem a me curar de minhas feridas do passado para, assim, poder viver neste mundo de uma forma tranquila.

Foi aí que conheci o ThetaHealing, uma técnica de cura energética que me curou de algumas dores do passado e, encantada com sua eficácia, fui para os Estados Unidos fazer sua formação. Em seguida, com Gustavo Barros, meu companheiro na época, trouxe essa formação completa para o Brasil e a ela me dediquei por dez anos. Nesse momento, acreditei ter aprendido a como usar minha mente para ter uma vida de felicidade: tinha o casamento perfeito, abundância financeira, sucesso e reconhecimento.

Havia atingido todas as metas e preenchido todos os quesitos que buscamos para uma vida perfeita. Honrava (e ainda honro) tudo o que estava vivendo, mas, ainda assim, percebia minha mente inquieta e meu corpo cansado de sustentar tudo que era considerado sucesso para muitos. Foi nesse momento que conheci meu atual companheiro, Caio Zagnoli e, a partir desse encontro, comecei a perceber que tudo o que tinha construído em minha vida, de alguma forma, não estava me apontando para a minha real essência.

Foi então que em uma de minhas viagens para a casa dele, em novembro de 2017, em Casa Branca, indo para uma lagoa em uma caminhada silenciosa, a verdade se revelou de uma forma tão simples e direta que não restou nenhuma dúvida. Qualquer explicação sobre o que reconheci naquele momento não seria capaz de traduzir o fato. Porém, a explicação mais próxima à experiência em si é como se eu estivesse acordando de um sonho e me desidentificado do "eu" personagem do sonho e de todas as experiências que ele parecia estar vivendo.

Algo que sempre me pareceu pessoal, com meu nome e história, se tornava imediatamente algo totalmente impessoal e real. Tão rápido e inevitável como quando uma folha cai de uma árvore. E se dar conta da verdade, após 30 anos de busca, me pareceu algo tão surpreende e tão óbvio que comecei a rir. Rir de tudo o que eu tinha feito por todos aqueles anos em busca da verdade que sempre esteve ali.

Minha real natureza nada tinha a ver com aquilo tudo que minha mente acreditou que ela fosse. E saber disso me fez rir. Eu estava tão envolvida com o sonho que, ao acordar, fiquei abismada ao perceber sua total irrealidade. O real é aquilo que sempre está presente, além de todas as crenças e histórias que por anos carregamos como verdades. Voltei para casa absorta, sem palavras. Muitas das mentiras que criei para minha vida estavam agora evidentes e não se sustentavam diante da luz da verdade.

Passei a noite sentada, assistindo ao espetáculo de minha mente como um filme passando na tela da consciência. Vi todos os meus personagens, desta vida e de outras. As experiências e seres com os quais me envolvi ou rejeitei. E assim, silenciosa, fiquei em meus próximos dias, estupefata com o se dar conta da verdade. Transitei por risos, silêncio e a percepção de vidas baseadas em ilusões. Inevitáveis ajustes deveriam ser feitos.

Na época, eu estava com um evento marcado para dez dias após esse episódio. Algumas pessoas estavam me esperando. Era um evento em que eu iria falar de como curar suas feridas da infância, como ter um relacionamento perfeito e como viver com abundância, saúde e sucesso. Tudo aquilo que havia planejado para esse evento não fazia mais nenhum sentido para mim. Eram como ideias do personagem do sonho que eu havia sonhado e acreditado ser realidade.

Pensei em desistir, mas nem isso foi possível para mim.

Ao chegar ao evento, que tinha um formato de um retiro de cinco dias, não pude fazer nada a não ser me manter silenciosa, esperando que a verdade se expressasse através de mim. Ao me sentar diante das pessoas, percebia a mente se perguntando o que deveria fazer. Mas havia um saber maior que todos os questionamentos da mente que sabia que nada deveria ser feito. Então, segui sentada e silenciosa até que as palavras pudessem chegar. Mas elas eram limitadas para dizer aquilo que naquele instante estava em plena revelação.

Tudo o que tinha programado dizer não saía da minha boca. Mesmo que eu intencionasse ou quisesse dizer algo, simplesmente não saía. Então, deixei que a fala viesse aos poucos e que viesse mesmo do coração e da verdade, a qual não era mais possível esconder. Assim, algo totalmente novo começou a se apresentar. Nada do que estava programado ou planejado. E, por ser real, inevitavelmente foi se estabilizando.

O silêncio chegou para todos que ali estavam. E mesmo os que não entenderam o que estava acontecendo, de alguma forma foram tocados pelo silêncio. Ninguém nem mesmo questionou por que toda a programação havia mudado. A luz trouxe paz para cada um que tinha chegado até ali. Percebi que, a partir de agora, nada mais seria guiado por minha mente e que eu estava entregue à luz da verdade.

Depois desse evento, eu tinha ainda o compromisso de dar um curso de ThetaHealing para 200 pessoas em um hotel em São Paulo, curso que me rendia dinheiro e reconhecimento. Esse curso foi um grande marco para mim, pois já estava claro que não seria mais possível seguir dando cursos de ThetaHealing da mesma forma, mesmo no auge do que chamam sucesso em minha "carreira" terapêutica. Muito da minha vida havia sido estruturada a partir do ThetaHealing.

Como eu tinha ancorado a técnica no Brasil, era a distribuidora exclusiva de um de seus livros e, ainda, fundadora de duas escolas da técnica nas cidades do Rio de Janeiro e de São Paulo, isso tudo tinha me levado a fundar uma empresa com diversos funcionários e, sendo diretora dela nos últimos dez anos, trabalhava noite e dia em total dedicação.

Segui o encontro com os cursos que estavam marcados, e foi em meio a esse com 200 pessoas que decidi parar de dar os cursos de base do ThetaHealing. Em um dos intervalos do curso, quando estava saindo do banheiro, vi que havia muitas pessoas em fila, dentro da área comum do banheiro, esperando-me para tirar fotos. Vi que todas projetavam em mim a felicidade idealizada e o modelo de vida que estavam buscando.

Mas uma pergunta me rondava: o que elas sabiam sobre mim? E sobre elas mesmas? Só era possível que soubessem a verdade sobre mim se tivessem tido algum vislumbre da verdade sobre elas mesmas, pois a partir dessa referência poderiam enxergá-la em mim. Percebi, então, que o que estavam vendo em mim era um reflexo de suas próprias crenças: um desejo de chegar à felicidade. E muitas delas estavam encantadas com essa possibilidade: "Se ela tem uma vida perfeita, quero que me ensine a tê-la também".

Nesse momento, vi que não era possível seguir fomentando essa projeção. Só fazia sentido para continuar alimentando meu ego e o ego das pessoas que estavam me seguindo. A verdade era que eu não tinha nada a ensinar do que não soubessem. A verdade não estava em mim, mas nelas mesmas. E se eu não pudesse lhes apontar diretamente a isso, nenhuma de minhas ações teria sentido. Era claro e inevitável para mim que, dali em diante, não poderia sustentar nenhuma das ilusões, as quais por tanto tempo acreditei como verdades.

No início, a equipe de minha empresa não entendeu, pois comecei a negar cursos cheios e, consequentemente, um possível crescimento profissional. Tirei todos os vídeos que estavam no canal do YouTube com mais de cem mil seguidores. Vídeos de "sucesso" que estavam me gerando fama em todos os estados do Brasil. A equipe não entendia. Nem mesmo minha mente compreendia.

Ao parar de dar cursos básicos de ThetaHealing, vi surgindo em mim um movimento natural de ir para a "caverna" e me isolar um pouco até que o ancoramento dessa verdade se estabelecesse. Mas ajustar minha vida ao inevitável reconhecimento da verdade solicitava algumas ações, por envolver algumas pessoas, dentre elas meus filhos e o pai deles, meu companheiro e a empresa.

Então, comecei a revezar a parte prática desses ajustes necessários com momentos de recolhimento e silêncio. Paralelamente a isso, comecei a ter alguns encontros individuais com Veetshish, uma mestra e amiga que me ajudou a entender e ancorar o processo que eu estava vivendo.

Minha vida foi mudando de modo radical, e nada que não estivesse em ressonância com a verdade que a mim se apresentava conseguia permanecer. Todas as ideias que eu tinha a respeito das coisas haviam perdido o sentido e não era possível viver de uma forma que não fosse a partir dessa verdade.

Não havia mais como retornar.

Contudo, ainda precisava de um refúgio. Os processos de desmoronamento das construções do ego não paravam. Então, fui impelida a ir para onde sempre vislumbrei ir, embora não soubesse quando e como isso aconteceria. Mas começou assim: há algum tempo me sentia atraída em encontrar uma terra que tivesse água e, depois de tudo isso, essa realidade voltou a fazer sentido para mim. Em uma de minhas viagens com, meu companheiro, seguindo de carro por uma estrada de terra em um pequeno vilarejo a duas horas do Rio de Janeiro, intuímos que por ali havia uma terra com água.

Em certo ponto da estrada, percebemos que o carro não subiria mais, então desci dele e segui andando com Deva Nandi, uma amiga, enquanto meu companheiro esperava com as crianças. No meio da estrada, avistei uma jiboia de mais ou menos três metros a poucos centímentros de mim. Habituada com minhas antigas e místicas experiências, minha mente assumiu que ela estava ali como guardiã de um Portal Sagrado e entendi que, naquele momento, não era permitido passar. Por respeito e instintivo senso de sobrevivência, saímos dali, mas com a certeza de haver encontrado o lugar.

Voltei a esse lugar no dia seguinte e o reconheci imediatamente como o refúgio perfeito, onde permaneci durante parte desse processo de colonização da verdade em minha vida.

A força e a maestria dessa terra me convidavam a testemunhar aspectos condicionados de minha mente e corpo sendo absorvidos pela pura consciência. A relação com a terra sagrada e com a natureza ao redor me convidava para a presença e para um dissolver-se total no EU REAL. Estar ali por alguns meses foi fundamental para o processo que eu estava vivendo.

Esse processo foi queimando tudo o que era ilusório para o corpo e para a mente e, consequentemente, tudo o que havia construído para mim.

Vi ainda velhos hábitos querendo permanecer e o ego desejando se apropriar de tudo o que podia para se manter intacto. Mas a força do amor era maior que tudo e o compromisso com a verdade já havia sido feito, de forma irrevogável e determinante.

E aqui estou. Aqui Sou.

O ancoramento e o realinhamento de minha vida a essa verdade seguem.

Se tem fim, não sei.

Aqui estou. Aqui Sou.

O que vem daí, não sei.

O que sei? Nada sei.

A consciência é o único mistério da vida.

Mas há algo que posso lhe dizer:

A felicidade agora se tornou o início, não mais o objetivo final.

"*A Felicidade divina, mesmo que seja do tamanho da mais ínfima partícula de um grão, nunca mais nos deixa. E, quando se atinge a essência de todas as coisas e se encontra o próprio Eu, essa é a Felicidade suprema. Quando é encontrada, nada mais fica por procurar. A sensação de querer não mais despertará, e o tormento do coração ficará calmo para sempre. Não fique satisfeito apenas com a felicidade fragmentada, que é invariavelmente interrompida por choques e por golpes do destino. Mas torne-se completo, e alcançando a perfeição, seja VOCÊ MESMO.*"

Ananda Mayi Ma

Ma Prem Giti Bond

Consulte sobre meditações, satsangs, retiros e eventos com Ma Prem Giti Bond nas redes a seguir:

- 21 99598-8364
- giti.serconsciencia@gmail.com
- @giti_bond
- serconsciencia.com.br
- Giti Bond - Ser Consciência

giti

SER CONSCIÊNCIA